Verführerisch –
Kochen mit Sophie Dahl

Verführerisch –
Kochen mit Sophie Dahl

Fotos von Jan Baldwin

BLOOMSBURY BERLIN

BLOOMSBURY PUBLISHING · LONDON · NEW YORK · BERLIN

Für Jamie, an dessen Tisch
ich alt werden möchte. In Liebe.

Die Originalausgabe erschien 2009 unter dem Titel
Miss Dahl's Voluptuous Delights bei HarperCollins, London
© 2009 Sophie Dahl
Für die deutsche Ausgabe
© 2015 Berlin Verlag in der Piper Verlag GmbH, Berlin
Alle Rechte vorbehalten
Umschlaggestaltung: ZERO Werbeagentur, München
unter Verwendung von Fotografien von © Jan Baldwin
Gesetzt aus der Bell MT durch psb, Berlin
Druck und Bindung: Westermann Druck, Zwickau
Printed in Germany
ISBN 978-3-8270-1257-9

www.berlinverlag.de

Inhalt

Anmerkungen der Köchin

Alle Löffelmaße beziehen sich, sofern nichts anderes angegeben ist, auf gestrichene Ess- oder Teelöffel.

1 TL = etwa 5 ml; 1 EL = etwa 15 ml.

Bei Pfeffer handelt es sich stets um frisch gemahlenen schwarzen Pfeffer. Außerdem verwende ich Meersalz von guter Qualität.

Eier/Molkereiprodukte/Fleischfond und Gemüsebrühe/Geflügel: Kaufen Sie möglichst Bio-Produkte von freilaufendem Geflügel beziehungsweise Vieh. Während der Schwangerschaft sollte man rohe oder nur leicht gegarte Eier und unpasteurisierte Käsesorten meiden. Als Brühe verwende ich entweder frische oder gekörnte Gemüsebrühe, bei Fisch und Geflügel fertigen Fond.

Zitrusfrüchte: Sofern die Schale verwendet wird, sollte man unbehandelte Zitrusfrüchte kaufen.

Tabelle für Backofen-Temperaturen

Backtemperaturen werden sowohl für konventionelle Herde als auch für Umluftöfen angegeben. Betrachten Sie die Temperatur- und Zeitangaben jedoch nur als ungefähre Richtlinie: Machen Sie sich mit Ihrem eigenen Backofen vertraut, denn zwischen den einzelnen Modellen gibt es beträchtliche Unterschiede.

110 °C	Umluft	90 °C	Gas ¼
130 °C	Umluft	110 °C	Gas ½
140 °C	Umluft	120 °C	Gas 1
150 °C	Umluft	130 °C	Gas 2
170 °C	Umluft	150 °C	Gas 3
180 °C	Umluft	160 °C	Gas 4
190 °C	Umluft	170 °C	Gas 5
200 °C	Umluft	180 °C	Gas 6
220 °C	Umluft	200 °C	Gas 7
230 °C	Umluft	210 °C	Gas 8

Einleitung

Mein zweites Wort war »crunch« – in meiner
Babysprache das Wort für Karamellbonbons –
und hätte meine Eltern warnen müssen vor
dem, was da noch kommen sollte. Als kleines
Kind beherrschte Essen Tag und Nacht meine
Gedanken; schweißgebadet erwachte ich aus
Albträumen von widerlichen Männern aus Inter-
natskartoffelbrei, die gestreifte Strumpfhosen
trugen und mich in finstre Wälder jagten.

In den angenehmen Träumen dagegen gab es Trifle-Wolken, eine
glänzende Quelle, aus der Schokolade blubberte, oder eine Fontäne,
aus der verbotene Sprite oder Cherry Coke schossen. Meine Puppen
gaben die schicksten Teepartys von ganz London, und meine Gäste-
liste war streng begrenzt, so dass ich selbst letztlich am meisten
davon profitierte. Mein erstes (und letztes) Kaninchen hieß nach
meinem damaligen Lieblingsfrühstück: Pfannkuchen. Pancake war
ein gemeiner Lustmolch, der einen widernatürlichen Geschlechts-
akt an seinem Stallgefährten Maple Syrup, einem gutmütigen, blin-
zelnden Goldhamster, vollzog. Der Schock tötete Maple Syrup auf
der Stelle, und Pancake wurde aufs Land verbannt, um den Rest
seiner Tage in Schande und Isolation zuzubringen. Es schien unfair,
dass sein absonderliches Kavaliersdelikt mit drallen Landkanin-
chen und frischem Gras belohnt wurde, doch irgendwann griff die
Karma-Polizei ein – und Pancake fand im Rachen eines ausgemer-
gelten Fuchses ein grauenvolles Ende.

   Mein Verhältnis zum Essen war schon immer leidenschaftlich
insofern, als ich es entweder blindwütig liebte oder aber als eine
über und über mit Problemen behaftete Angelegenheit betrachtete.
Früher war Essen für mich entweder ein treuer Freund oder aber
eine Sünde – und nur selten etwas dazwischen. Und im vertrackten
unbarmherzigen Heute ist Essen als Sünde ja ein passenderes Kon-
zept als je zuvor. Schon als junges Mädchen erkannte ich, dass ich
kulinarisch in der falschen Zeit geboren war. Ich hätte unendlich

viel besser an den Hof Heinrichs VIII. gepasst, wo man mein auf-
keimendes Interesse am Essen ermutigt und gefeiert hätte. Im
London der Achtziger aber war es leider nur Anlass für familiäre
Heiterkeit, missmutige Fahrten zur Ernährungsberaterin und Na-
turreis-Diäten. Eigentlich war ich halbwegs dünn, mit einem großen runden Vollmondgesicht, nur eben wie ein Vogeljunges permanent hungrig. Im Alter von etwa sieben Jahren wurde ich dann
ziemlich pummlig und wirkte recht unvorteilhaft – es gibt ein paar
richtig schlimme Bilder von mir, auf denen ich aussehe wie ein
griesgrämiges altes Weib (ich hatte eine Schwäche für korallen-
roten Lippenstift und Sonntagshüte) und mir immer gerade ein
großes Sandwich aus dem Mund hängt.

Aufgewachsen bin ich unter echten Feinschmeckern; meine Eltern
Tessa und Julian waren geborene Köche, und auch meine Großeltern waren für ihre üppig gedeckten Tafeln bekannt. In meinen
frühesten Erinnerungen ans Essen kommt immer auch Gee-Gee
vor, meine Großmutter väterlicherseits (eine ehemalige Revue-
tänzerin mit endlos langen Beinen, blauen Kulleraugen und ondu-
lierten blonden Wellen), die an der Küste von Sussex ein von rau-
schenden Baumwipfeln umgebenes Haus bewohnte. Mein Dad und
ich fuhren von London nach Sussex, eine Reise, die einem Kind wie
ein Jahrzehnt vorkommt, doch die Eintönigkeit war jedes Mal vergessen, sobald Gee-Gee die Haustür aufriss und wir umarmt wurden; erst von einem köstlichen Duft nach Gebratenem, dann von
ihr. Ihre Mittagessen bestanden gewöhnlich aus einem Braten mit
Sauce, Yorkshire-Pudding, Bratkartoffeln, Pastinaken, überbacke-
nem Blumenkohl und einem leckeren Nachtisch: Siruptorte mit
einem kühlen Klacks Schlagsahne, die die Süße erst richtig hervor-
hob und zur Geltung brachte; unglaubliche Streuselkuchen, die in
dicker Vanillesauce schwammen. Auch nachmittags zum Tee gab
es bei Gee-Gee immer etwas zu essen – selbstgebackene Scones,
Ingwerkuchen –, serviert auf ihrem besten, hauchdünnen Porzellan.
Für absolut alles im Leben hatte sie Verständnis, drei Dinge aus-
genommen:

1. Wie irgendjemand – und vor allem ich – Vegetarier werden
   konnte.
2. Warum es schwierig sein sollte, seinen Hunger auf drei Mal am
   Tag sowie ein leichtes Magenknurren zur Teezeit zu beschrän-
   ken – und dies ohne das geringste Verlangen, zu naschen.

3. Die Faszination, die greller Lidschatten auf eine Sechzehnjährige ausübte. (»Wie eine Nutte«, kommentierte sie naserümpfend meine pfauenfedergrünen Lider.)

Gee-Gee war genial. Ohne großes Tamtam lehrte sie mich Backen. Ich bemerkte die stille Freude, mit der sie ihre Lieben bekochte, und nahm das wie eine Tätowierung in mein Erwachsenenleben mit, bereitete kleine gemütliche Frühstücke und sonntägliche Mittagessen, spätherbstliche Abendessen und Teemahlzeiten an Regentagen.

Wenn überhaupt etwas, dann ist dieses Buch eine Hommage an meine Familie und den Appetit und das kulinarische Erbe, das sie mir hinterlassen haben: an Gee-Gee; an meine Großmutter mütterlicherseits, Patricia aus Knoxville, Tennessee, mit ihrer Vorliebe für Polenta, Grünkohl und Zitronencremekuchen, an meinen norwegischen Großvater Roald und seine intensive Würdigung von Schokolade, Borschtsch und Burgunder, seine zweite Frau Felicity, die, nun da er nicht mehr da ist, seine Tafel im selben Geiste und auf demselben Niveau weiterführt, meine Tanten und mein Onkel, allesamt wunderbare Köche; meine Mum und mein Dad, meine Brüder und meine Schwester, von denen jede und jeder hier seinen Einfluss hatte.

Ich selbst bin zwar auf keinem Gebiet eine große Expertin, doch übers Essen zu reden, dazu fühle ich mich durchaus berufen. Ich habe einfach schon sehr viel gefuttert. Ich war in meinem Leben bereits rund wie eine Rubens-Figur, aber auch nur noch ein Schatten meiner selbst. Gewicht, und wie man sein Gewicht hält, ist offenbar etwas, das viele Menschen beschäftigt – und weil ich (doch recht öffentlich) einiges an Gewicht verloren habe, ist es auch etwas, auf das man mich ohne große Hemmungen anspricht. In Supermärkten, Flugzeugen und in der Schlange vor öffentlichen Toiletten habe ich mich schon mit Fremden über dieses Thema unterhalten. Übers Essen und über Rezepte und die Figur und warum wir uns von allen dreien derart vereinnahmen lassen, könnte ich endlos quatschen. Ich habe neben gelehrten Akademikertypen am Tisch gesessen und mich für Gespräche gewappnet, die zweifellos von Dingen, von denen ich keine Ahnung hatte, etwa Physik, handeln mussten, nur um dann verstohlen gefragt zu werden: »Wie sind Sie eigentlich so schlank geworden?« Woraufhin ich dann lache und sage: »Also, das war so …«

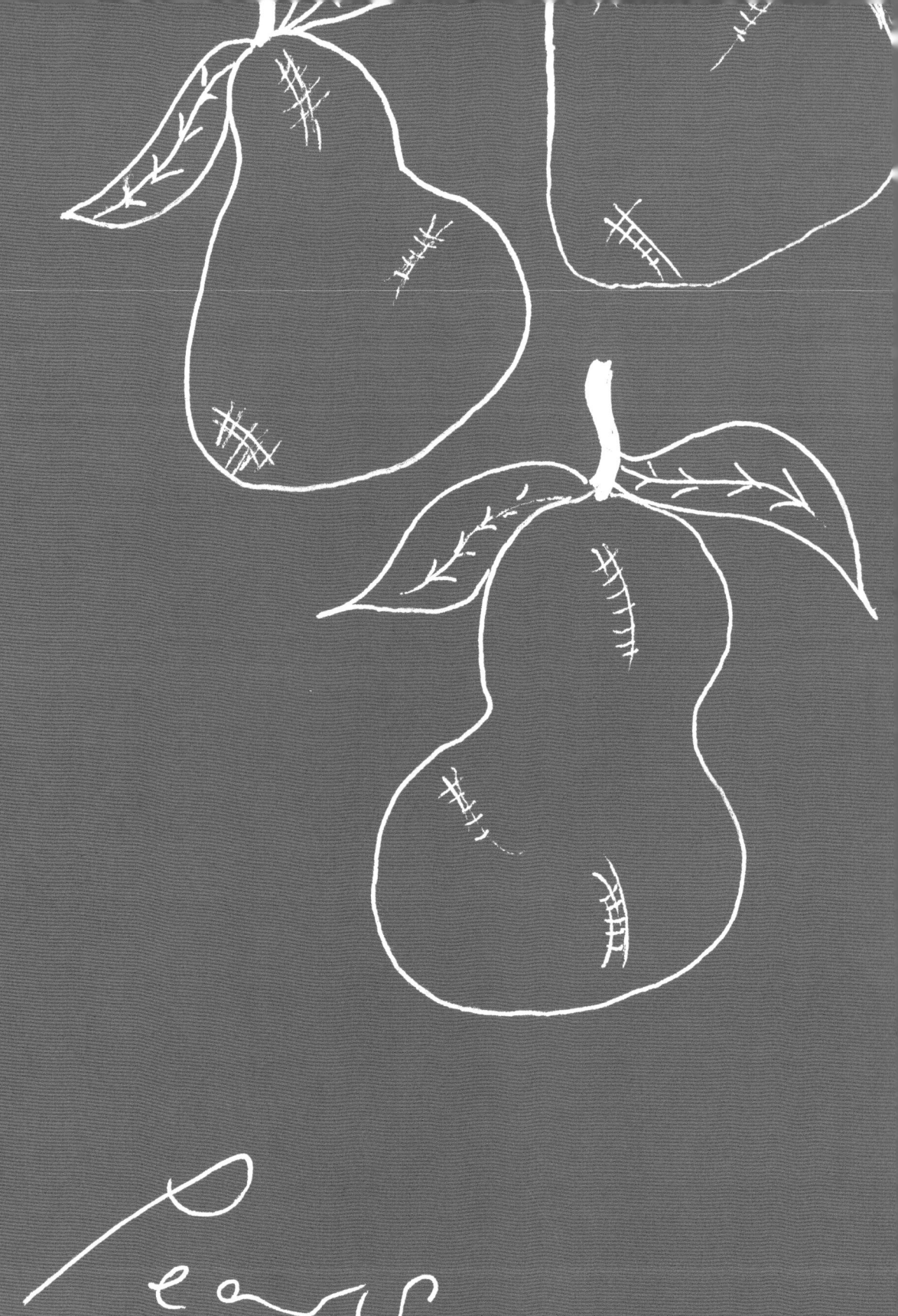

Pears

Herbst

FRÜHSTÜCK

Pochierte Eier auf Champignons mit Ziegenkäse

Milchreis mit Birnenpüree

Omelett mit karamellisierter roter Zwiebel und Cheddarkäse

Goldbraunes Granolamüsli

Musiker-Frühstück (selbstgebackenes Brot mit Parmaschinken)

Indische Süßkartoffel-Pfannkuchen

Überbackener Schellfisch

MITTAGESSSEN

Salat aus Spinat und Brunnenkresse mit Ziegenkäse

Französische Zwiebelsuppe

Tintenfisch-Salat mit gegrillten Paprikaschoten und Koriander-
    Dressing

Spiegeleier mit Mangold

Hähnchen-Halloumi-Kebab mit Pfifferlingen

Spinatsuppe mit Graupen

Buchweizen-Risotto mit Waldpilzen

ABENDESSEN

Bauernsuppe

Sonntagsbrathähnchen mit Beilagen

Pariser Allerlei

Wolfsbarsch in Estragon-Waldpilz-Sauce

Lilys Wokgemüse mit Tofu

Aubergine Parmigiana

Gegrillter Lachs mit überbackenen Zwiebeln

Wir beginnen im Herbst, denn im Herbst hat sich damals alles verändert. Wegen seiner rauchigen Endzeitstimmung und seinen trüben Tagesanbrüchen, den Laubfeuern und Backkartoffeln, der Nostalgie, den Kastanien und den Feuerrädern am Guy-Fawkes-Day, mag ich ihn mehr als jede andere Jahreszeit.

Es war Ende September. Ich war achtzehn. Ich hatte einen eher unrühmlichen Schulabgang hinter mir. Und keine Ahnung, was ich machen wollte. Lediglich ein paar vage Fantasien, in denen Schreiben, ein Palazzo, ein mich anbetender Italiener sowie tägliche Liebesbriefe vorkamen und ich mich in einer Art Sophia-Loren-Kleid und mit einem Korb reifer, duftender Feigen am Arm durch einen römischen Markt schlängelte. Ich hatte eben versucht, dies meiner Mutter bei einem Mittagessen in einem Restaurant in der Londoner Elizabeth Street auseinanderzusetzen, doch merkwürdigerweise teilte sie meine Begeisterung nicht.

»Genug davon«, sagte sie. »Ich will nichts mehr von irgendwelchen Kunstkursen hören. Du gehst auf die Sekretärinnenfachschule, damit du was Sinnvolles wie Tippen lernst.«

»Aber ich muss mehr über Kunst und Kultur lernen!«

Sie musterte mich durchdringend. »Das reicht«, sagte sie. »Kein Wort mehr. Ende der Unterhaltung.«

»Aber ich …« Ihr Blick verdüsterte sich. Ich verlegte mich auf den uralten Klassiker zwischen Teenagern und ihren Müttern:

»Wieso verstehst du mich bloß nicht? Keiner versteht mich!«

Schluchzend rannte ich hinaus auf die stille graue Straße. Ich warf mich vor den Eingang eines Hauses und zündete mir verbittert eine Zigarette an.

Ein schwarzes Taxi kam neben der Stufe, auf der ich saß, tuckernd zum Stehen. Und heraus stieg ein Wesen, das meine italienischen Fantasien weit übertraf. Die Frau trug ein Schiff auf dem Kopf, eine Minigaleone mit stolzen Segeln, die sich im Winde blähten. Ihr weißer Busen quoll aus einem unwahrscheinlich winzigen Korsett, und mit geschickten Schritten steuerte sie auf gut zwölf Zentimeter hohen Absätzen über die Straße.

Sie hatte beide Arme voller Hutschachteln und Tragetaschen

und war abwechselnd damit beschäftigt, zu fluchen, dem Taxifahrer Trinkgeld zu geben und in schallendes Gelächter auszubrechen. Ich erinnere mich noch, dass ich dachte: Ich weiß zwar nicht, wer das ist, aber ich will ihre Freundin sein. Ich war so fasziniert, dass ich das Heulen vergaß.

Ich stand auf und sagte: »Brauchen Sie Hilfe mit Ihren Taschen?«

»Oh ja!«, erwiderte sie. »Das ist übrigens meine Treppe.«

»Und weshalb haben Sie geheult?«, fragte mich die Galeone dann in ihrer grellrosa Küche. Es stellte sich heraus, dass sie Isabella Blow hieß; sie war Redakteurin der *Vogue* und eine Art Rebellin der Modebranche.

»Ich habe wegen meiner *Zukunft* geweint«, antwortete ich bedrückt. »Meine Mutter versteht mich nicht. Ich weiß nicht, was ich machen soll. Ach, es ist alles so schrecklich.«

»Willst du vielleicht Model werden?«, fragte sie.

In einem Film hätte jetzt das vernehmliche Tinggg des Zauberstabs kommen müssen. Ungläubig sagte ich: »Ja«, um so vielleicht der Stenographiehölle zu entrinnen. Meine nächste Frage lautete: »Meinen Sie das ernst?«

Dieses »Meinen Sie das ernst?« entsprang nicht irgendeiner heimlichen Bescheidenheit; es war brutaler Realismus. Und nicht von der üblichen Model-Standardsorte: Ich war ja so ein hässliches Entlein in der Schule, und alle haben mich geneckt, weil ich so furchtbar dünn war.

Abgesehen von meiner Größe, hätte ich einem Model nicht unähnlicher sehen können. Ich hatte Riesentitten, einen noch größeren Hintern und ein vollkommen rundes Gesicht mit dicken Grinsebacken. Das Einzige, was ich womöglich mit einem Model gemeinsam hatte, war meine abartige Leidenschaft fürs Kettenrauchen.

Doch für die süße Issy, als die ich sie bald kennen lernen sollte, stellte das alles kein Problem dar. Sie sah Menschen so, wie sie sie sehen wollte: als großartigere Kinoversionen ihrer selbst.

»Ich finde«, sagte sie, ihre roten Lippen ein Siegel der Anerkennung, »ich finde, du bist wie Anita Ekberg.« Ich tat, als wüsste ich, von wem sie da redete.

»Ah ja, Anita Ekberg«, sagte ich.

»Und nun leg mal ein bisschen Lippenstift auf, dann gehen wir deine Mutter suchen und erzählen ihr, dass wir einen Beruf für dich gefunden haben.«

»Nun leg mal ein bisschen Lippenstift auf, und dann erzählen wir deiner Mutter, dass wir einen Beruf für dich gefunden haben.«

Wir feierten unsere Zufallsbegegnung gemeinsam mit meiner inzwischen besänftigten Mutter in einem japanischen Restaurant in Mayfair mit Unmengen von Sushi und Tempura.

»Meine Güte, du isst ja wirklich gern«, meinte Issy mit großen Augen, als sie meine Essstäbchen über die Platten tanzen sah. Ich hätte Ja gesagt, hatte aber gerade den Mund voll.

Die Tradition des so genannten Nursery Tea, der frühabendlichen Teemahlzeit der Kinder, ist in England häufig ein Anlass zu Einladungen. Ich war zwar überaus angetan vom Teetrinken, aber ganz und gar nicht erpicht darauf, meine Spielsachen oder mein Essen zu teilen.

»Du musst lernen, zu teilen. Selbstsucht ist ein sehr abstoßender Charakterzug«, ermahnte mich Maureen, mein schottisches Kindermädchen, regelmäßig.

»Aaah, das ist ja so was von unfair!«, schrie ich dann, empört über die Ungerechtigkeit, ohnmächtig zusehen zu müssen, wie andere Kinder, wildfremde noch dazu, meine Puppen quälten und die Chips auffuttern durften, nur deshalb, »weil sie deine Gäste sind und daher tun dürfen, was sie wollen«.

Aber ich habe sie nicht eingeladen! Das hast du getan. Ich will nicht, dass sie meine Kostümkiste in Unordnung bringen, mit fettigen Fingern meine beste einäugige Puppe betatschen oder fragen, ob sie sie »vorne unten« sehen dürfen. Ich mag keine Freundinnen, die »vorne unten« sagen. Ich will mit Dominic von nebenan, der braune Augen hat und mich neben dem Komposthaufen geküsst hat, Tarzan und Jane spielen. Ich will nicht die hässliche Stiefschwester sein, sondern Aschenputtel! Nein. Ich bin nicht müde. Ich geh jetzt in mein Zimmer und hör mir *Storyteller* an. Sollen sie doch allein im Spielzimmer bleiben.

Als ich sechs war, kam meine Freundin Ka-Ming zum Tee. Es gab Makkaroni mit Käse und zum Nachtisch Joghurt. Maureen verkündete mit ihrer leise schmeichelnden Stimme, dass es nur zwei Joghurts, Schokolade und Erdbeere, gebe, von denen sich Ka-Ming, als Gast, einen aussuchen dürfe. Da ich es kaum ertragen konnte, wie Ka-Ming bedächtig die Vorteile beider Geschmacksnoten erwog, rannte ich ins Spielzimmer, wo der Wunschstein, den meine Großmutter Gee-Gee am Strand gefunden hatte, auf dem Bücherregal lag. Einen Wunsch hatte ich noch frei.

»Bitte, Wunschstein und Gott, lasst sie nicht den Schokoladen-

joghurt nehmen, das ist nämlich der, den ich will.« Ich umklammerte den Stein, der heiß in meiner Hand lag.

Ich ging in die Küche zurück, in der Ka-Ming begeistert ihren Erdbeerjoghurt verdrückte. Der Schokojoghurt thronte erhaben auf meinem Teller. Diese Schicksalswende festigte meinen Glauben, dass man Dinge, die man sich heftig genug wünscht und die nicht bereits einem anderen gehören, in der Regel auch bekommt.

Mit zehn schickte man mich zu meinem großen Entsetzen aufs Internat. Ich erinnerte mich an die mitternächtlichen Festgelage, die es in Enid-Blyton-Büchern ständig gegeben hatte, und vermutete, dass das der einzige Pluspunkt in einer ansonsten trostlosen Lage war. Allerdings bekam ich schon bei der Ankunft mit, dass die seligen Mitternachtsmahle wohl ein Mythos waren. Die Wirklichkeit war frittiertes Brot, das in seinem eigenen, schon erstarrenden Fett schwamm, Kartoffelbrei aus Instantpulver, grellrosa Schinken, knorpeliger Fleischeintopf, angegraute Schottische Eier und verkochte Rote Bete, die man mich in gigantischen Mengen zu essen zwang.

Zuhause, am letzten Ferientag, gab es einen Trostpreis für mich: das Letzte Abendmahl. Solche Lieblingsmenüs kochte mir meine Mutter am letzten Abend der Schulferien – Balsam für den Gaumen vor einem weiteren Trimester unsagbar schlechten Essens. Ich stellte diese Mahlzeiten zusammen, als würde ich am Tisch des Kapitäns der *Titanic* dinieren – Rinderconsommé, in Speck gehülltes Brathähnchen, um dessen Brust sich wehmütig Estragon schlang, Kartoffeln, außen goldbraun und wunderbar knusprig, innen flockig weich, und Erbsen, gebuttert und süß, umkränzt von Minze aus dem Garten. Nachtische waren hochaufragende, zitternde Kreationen: Zitronenmousse, die nach Sommer duftete; Schokoladensoufflés, bitter und stolz.

Unsere Einstellung zum Internatsessen war irgendwie mürrisch-zwiespältig; in aller Regel neigen die Engländer nicht zum Protest, vor allem zehnjährige nicht. Schulessen musste im Grunde schlecht sein, das war vor der Ankunft Jamie Olivers und seiner köstlichen Bio-Schulmahlzeiten quasi seine Funktion.

Mit zwölf verließ ich das Internat, und wir zogen aus dem steifen London ins elegante New York. In diesem Jahr wurde Essen zum ersten Mal etwas anderes für mich als das, was man aus Notwendigkeit, Langeweile oder Gier zu sich nahm. Ich stellte fest, dass Essen seine eigene Art von Macht besaß, jedenfalls soweit es die Erwachsenen betraf. Die Frauen in New York redeten permanent übers Essen und wie man es tunlichst vermied. Ihr Teenager-Nachwuchs zählte gewissenhaft Fettgramme, während die Mütter einen gebräunten Diät-Guru namens Dr. R aufsuchten, der hübsche weiße Pillen und wiederverschließbare Plastiktüten für Minibrezel-Imbisse verordnete und sie zu ausgesuchten Abendessen einlud, bei denen er ihren Kalorienverbrauch überwachte. Wenn sie Glück hatten, bekamen sie am Ende des Abends einen Du-darfst-Kuss, wobei ein Neigen seines Löwenhauptes diätetische Absolution erteilte. Es war eine gerissene Art, Geld zu verdienen.

Ich liebte New York, liebte seinen coolen Glitzerglanz und seinen Glamour, der das absolute Gegenteil zur altmodischen Beständigkeit eines englischen Internats darstellte. In meiner neuen Schule begegnete man meinem mathematischen Unvermögen mit so viel Unterstützung und Enthusiasmus, dass ich eine kurze selige Zeitlang fast gut darin wurde.

Mit der Beharrlichkeit eines Rip Van Winkle erwachten meine Geschmacksknospen aus ihrem Schlummer.

Im Biologieunterricht behandelten wir die Gefahren von Magersucht. Wir lernten, auf verdächtige Anzeichen zu achten: Heimlichtuerei, mehrere Kleiderschichten übereinander, blaue Gliedmaßen, vorzugeben, man hätte schon gegessen, Ausfall der Periode, Körperbehaarung, zwanghafte Sportlichkeit. Wir waren adleräugige Minidetektivinnen und jede Klassenkameradin eine Verdächtige. Aber wir merkten nicht, welche Ironie darin lag, die ganze Mittagspause über dann nur davon zu reden, wie viel Kalorien ein Bagel hatte und wer in seinem Gymnastikanzug fett aussah. Das Bewusstsein bezüglich Essstörungen schien amerikaspezifisch, meine Freundinnen in England waren völlig verblüfft darüber.

»Anna Rexia, ist das nicht eine Person?«, fragte mich meine beste Freundin durch das Rauschen der transatlantischen Telefonleitung.

»Ha, ha, ha«, versetzte ich.

Eine Pause trat ein.

»Das ist ja wirklich schrecklich. Warum sollte man denn nicht essen wollen, wenn man Hunger hat?«

Das Schulessen in Amerika war sogar noch schlechter als das in England, pappiger knallorangener Makkaroni-Auflauf, nach Eisen schmeckende Schokoladenmilch und so genannter Pudding, eine gallertartige Schmiere, die angeblich was mit Vanille zu tun hatte. Ich hielt mich an Vollweizen-Bagel mit Frischkäse und Tomaten, weil das fettarm war und unser damaliges Wissen uns sagte, dass fettarm der Fortschritt war. Eines Freitagmorgens durften wir uns Frühstück zur Schule mitbringen und es ausnahmsweise während der ersten Unterrichtsstunde essen. Im Deli an der Ecke kaufte ich mir Folgendes und betrachtete es tatsächlich als Hochgenuss: Croissant mit einem Spiegelei darin sowie einen Milchkaffee (selbstverständlich mit fettarmer Milch). Das schien mir köstlich erwachsen und verboten.

Mit dreizehn rasierte ich mir zum ersten Mal die Beine – und hinterließ mit meiner zittrigen Novizinnenhand ganze Hautfetzen im Bad. Meine Mutter kam herein, schüttelte den Kopf und meinte traurig: »Jetzt, wo du angefangen hast, gibt's kein Zurück mehr. Nun musst du für den Rest deines Lebens enthaaren, mein Schatz.«

Ich fragte mich, wie ich wohl im Badeanzug aussah, da es im Sommer Pool-Partys gab, auf denen es wiederum Jungs gab und, was vielleicht noch beängstigender war, die prüfenden Blicke der anderen Mädchen. Es schien sich um eine weit kompliziertere Angelegenheit zu handeln als in meinem englischen Internat, wo alle blau gefroren waren und dasselbe, unschmeichelhafte, aber vorgeschriebene Koboldgrün trugen. Diese sonnengebräunten Mädels trugen winzige Bikinis und waren tadellos manikürt und pediküt.

Mangels deftiger Internatspampe und endlosen Naschens war ich inzwischen gertenschlank geworden. Meine Beine waren lang, meine Röcke kurz. Ich war eine Elfe mit Wespentaille und keckbrüstig obendrein. Ich gesellte mich zur schnatternden Mittagspausenschar und las, Verständnis heuchelnd, Lebensmitteletiketten, als wären sie Dostojewski, indes ich daheim auf dem Stepper die Stufen hinaufraste, während Jason Priestley mir aus dem Fernseher zuzwinkerte.

Aus diversen Gründen verließen wir die Stadt, als ich vierzehn war, und 1991 landete ich unsanft auf dem Boden der Wirklichkeit – Englands durchweichter Scholle. In England schien noch niemand von »fettarm« gehört zu haben, nicht einmal in London, wo ich jetzt eine Ganztagsschule besuchte. Sie schienen sich einfach nicht so viele Gedanken zu machen. Einige zermürbende Monate lang versuchte ich, Fette in Lebensmitteln zu meiden, doch hartnäckig wie ein verschmähter Liebhaber tauchten sie immer wieder auf.

Als ich mit Schulfreunden die Ferien in Frankreich verbrachte und mit ansah, wie sie hemmungslos ihre Croissants aßen und ihre aus Vollmilch zubereitete heiße Schokolade tranken, kapitulierte ich schließlich. Nachdem ich mich vergewissert hatte, dass es ganz sicher keine entrahmte Milch im Haus (ja nicht mal im Land) gab, wagte ich den Sprung. Doch oh! Wie köstlich! Meine Geschmacksknospen erwachten mit der Beharrlichkeit eines Rip Van Winkle aus ihrem New Yorker Schlummer und schliefen nie wieder ein.

Mein Körper reagierte, und wie; meine Wangen rundeten sich wie die eines trägen Matisse-Modells. Auf der Straße sandten meine ausgeprägten Kurven und mein hilfloses Hüftwackeln Botschaften aus, mit denen mein Hirn und mein Herz nicht Schritt halten konnten. Erwachsene Männer riefen mir Dinge zu – unbekannte erwachsene Dinge in anzüglichem Tonfall. Ich fand das beunruhigend und fühlte mich nackt, auch wenn ich angezogen war. Dennoch war ich – mit brutal hohen Absätzen und stolz zur Schau getragenen Brüsten – aufreizend sexy angezogen, was mir selber allerdings entging. Ständig wurde ich von der Schule nach Hause verfolgt, im Bus verstohlen gemustert. Meine Mutter schickte mich verzweifelt auf ein progressives Internat in Hampshire, inmitten von Wiesen, wo ich in meinen unpassenden Klamotten herumstapfen konnte, ohne von potenziellen Vergewaltigern angesprochen zu werden. Wir ernährten uns von Brot, das warm und weich aus der Dorfbäckerei kam, dick mit Butter und Marmite bestrichen.

Weil meine Schule so wunderbar progressiv war, gab es eine Fülle individueller Wahlmöglichkeiten. Ich stellte fest, dass man Mannschaftsspiele abwählen und stattdessen so genannte »Arbeit im Freien« belegen konnte, also stolperte ich halbherzig eine Säge umklammernd in meinen Wildleder-Minis hinaus in den Wald und tat, als würde ich mit den Jungs Zäune bauen. Dürftige, wacklige Gebilde, und beim Schweinehüten stellten wir uns nicht viel besser an.

Mittwochs gingen wir als Ausgleich dafür, dass wir auch samstags Unterricht hatten, nur vormittags zur Schule und durften nachmittags in die nahegelegene Stadt fahren – solange wir uns vom Pub fernhielten. Mein Interesse am Pub war eher oberflächlich. Dienstagabends plante ich gastronomische Exkursionen von epischen Ausmaßen, überlegte, wo ich was essen würde, wobei eine ausschweifende Fiesta mit Kuchen und Sahne stets den Abschluss bildete.

Kein Wunder also, dass ich im Internat dreizehn Kilo zunahm. Es geschah eher zufällig und fiel mir zunächst gar nicht auf, aber man kann nicht von Brot und Kuchen leben und als einzige sportliche Leistung anderen Leuten bei irgendwelchen handwerklichen Tätigkeiten zugucken – und gleichzeitig schlank bleiben. Es kam mir überhaupt nicht in den Sinn, dass ich selbst dazu beigetragen haben oder irgendetwas dagegen tun könnte.

Ich dachte, das sei eben wieder so eine Ungerechtigkeit des Teenagerdaseins. Ich aß noch mehr Kuchen, las tragische französische Romane und hasste die Felder und blöden Zäune, von denen ich umgeben war. Ich sehnte mich nach London, einem kleinen pariserischen Appetit, schlanken Gliedern, romantischen Verwicklungen und Höschen von Chantal Thomass. Zum Glück lag das Wissen, wie man an solche Dinge gelangte, völlig außerhalb meiner Reichweite.

Als mein Landaufenthalt vorüber war, traf ich, gerade mal sechzehn, doch mit Hüften wie eine Hochschwangere und einem Koffer voller Hängerchen, wieder in London ein. Alle taten, als würden sie nichts bemerken. Die nächste Klasse verbrachte ich in Golders Green, und statt einmal die Woche mittwochs essen zu gehen, wurde das Planen des Mittagessens in den örtlichen Lokalen nun zu einer herrlichen tagtäglichen Beschäftigung. Mein ganzes Babysitter-Geld vom Sommer ging dafür drauf. Am Fuße von Golders Hill, in der Nähe des Bahnhofs, gab es ein erstaunlich gutes koscheres Feinkostrestaurant, wo ich mir frische Bagels bestellte, innen süß und teigig und dick mit Frischkäse und Räucherlachs belegt. Im Golders Hill Park wiederum war es das reizende kleine italienische Café, wo man einen Teller gekochten Penne *al dente* mit einer rauchigen Tomatensauce und schnucklige kleine sahnegefüllte Teilchen zum Nachtisch bekommen konnte. Das Pub ganz oben auf dem Hügel war vor allem wegen seiner Ofenkartoffeln und seinem ausgezeichneten Käsesandwich interessant. Aber was für Ofenkartoffeln! Zweimal gebacken und mit Butter, Gruyère und Brunnenkresse gefüllt – oder aber als Alternative mit Thunfisch, Mayonnaise und Maiskörnern.

Zwischen der Schule und dem Modeln, bevor ich Isabella traf, war ich zuerst Babysitter und dann Kellnerin. Beides hatte, was Essen betraf, seine Tücken. Als Babysitter machte ich mich ständig über die übrig gebliebenen Fischstäbchen, Chips, Eiersandwiches und Biskuitkuchen her. Die beiden Mädchen, auf die ich aufpasste, waren unglaublich süß: ein pummliges Baby und eine Sechsjährige mit einer Stimme wie Marianne Faithfull. Wir besuchten Unmengen ziemlich nobler Teepartys, auf denen mich die Mütter mit »Nanny« ansprachen. Ich betete die kleinen Mädchen zwar an, war aber – da ich ihre Kleider nicht bügelte, mit ihnen Mittagsschlaf hielt und das Parfüm ihrer Mutter ausprobierte, wenn die mal ausgegangen war – im Grunde ein bisschen hoffnungslos. Ich war halt vor allem

Halbherzig meine Säge umklammernd, stolperte ich hinaus in den Wald.

achtzehn. Allerdings brachten wir uns gegenseitig zum Lachen, und Jaffa Cakes mochte ich genauso gerne wie sie.

Und auch die Kellnerjobs, wo ich auf schwachen Beinen in einer dampfenden, hektischen Umgebung herumrannte, bis ich am Ende einer Zwölfstundenschicht vor schierer Erschöpfung zusammenbrach, waren nichts für mich. Nein, ich machte die Frühschicht in einer Bäckerei, um 7.00 Uhr, wenn das Backen bereits erledigt war. So traf meine Ankunft glücklich mit all den Dingen zusammen, die dann gerade aus dem Ofen kamen: Muffins mit Apfelbutter oder Bananenbrot mit dunklem Melassesirup. Ich glaube, das war der absolute Favorit unter all meinen Jobs. Man erwartete von mir, dass ich plauderte, lächelte, aß und wunderbare Milchshakes auf Kaffeebasis mixte, die ich von morgens bis abends schlürfen konnte. Ich war eine fürchterliche Kellnerin, weil ich schusslig war und mich nie an die Bestellungen der Kunden erinnern konnte. Aber sie waren furchtbar süß dort, und ich habe gelernt, wie man einen Fußboden ordentlich fegt und dass man keine zehenfreien Pantoletten mit Zwölfzentimeter-Absatz tragen kann, wenn man kellnern will.

Ich troff nur so vor Diamanten und vor ansonsten nicht viel.

Als ich nach all diesen Jobs mit dem Modeln begann, traf mich die geballte Neugier der Öffentlichkeit, die das mit sich brachte, völlig unvorbereitet. Ich fühlte mich wie alle Teenager eigenartig hin- und hergerissen zwischen dem extremen Bewusstsein für den eigenen Körper und dem völligen Vergessen, dass man einen hat. Ich wollte aussehen wie meine Freundinnen; ich wollte mir Kleider von ihnen ausborgen können. Darüber hinaus aber machte ich mir diesbezüglich keine allzu tiefschürfenden Gedanken.

Issy hatte nie von mir verlangt, dass ich abnehmen sollte; sie hatte nur ziemlich allgemein gesagt: »Also, meine Liebe, mit Pommes und Süßigkeiten ist es jetzt vorbei, und trag immer einen guten BH und roten Lippenstift.« Meine Konzession an diesen Ratschlag war eine selbsterfundene Diät, bei der ich drei Tage lang nur Instantsuppen mit trockenem Pitabrot aß, was widerlich und mit Sicherheit wirkungslos war. Am Ende bekam ich bei Rigby & Peller einen BH angemessen, was ein wesentlich konkreteres Ergebnis hatte, und begann außerdem eine lebenslange Liebesaffäre mit Yves Saint Laurents Rouge Pur, der nach Rosen duftet.

Issy stellte mich auch Sarah Doukas, der Gründerin von Storm Model Management, vor, und als die mich unter Vertrag nahm, stand Abnehmen nirgends auf der Tagesordnung. Sarah ist bekanntermaßen hellseherisch veranlagt. Sie hat Kate Moss als Vierzehnjährige am JFK-Flughafen entdeckt und managt sie bis zum heutigen Tag. Mit der ihr eigenen Gerissenheit hatte sie erkannt, dass es angesichts des lautstarken Protestes, den die Medien gegen den stilbildenden, so genannten *heroin chic* erhoben, in der Modewelt tatsächlich einen Platz für mich geben könnte. Das Timing und ihr Instinkt gingen eine glückliche Verbindung ein und schufen die optimalen Voraussetzungen für das, was nun kommen sollte.

Bei meinem ersten Job ließ ich mich von Nick Knight für das *i-D Magazin* fotografieren. Sie verpassten mir zwölf Zentimeter lange silberne Fingernägel, silberne Kontaktlinsen und einen silbrigen Hautpuder. Ich erinnere mich nicht, dass ich mich nackt gefühlt hätte, eher als Zuschauerin, so sehr fühlte ich mich von Haaren und Make-up verwandelt. Bis heute verbinde ich mit diesem Tag vor allem die Verwandlung in jemand anderen, in irgendein Alter Ego mit Comic-Kurven und einem gierigen Lächeln. Nackt zu sein schien mir fast nebensächlich. Ein paar Stunden später wurde ich in einem Taxi nach Park Royal geschickt, um mich von David La Chapelle für *Vanity Fair* ablichten zu lassen, diesmal im Stringbikini. Als ich spätabends nach Hause kam, wusch ich mir das Make-up nicht ab, weil ich am liebsten immer so ausgesehen hätte. Natürlich war ich am nächsten Morgen nur noch die verschmierte Hülle dieses Wesens und meine Laken voller Silberstaub.

Wenige Wochen später bestieg ich einen Zug nach Paris, mit nichts als einem kleinen Koffer mit meinem Nachthemd, Höschen und Zahnbürste in der Hand, und marschierte direkt von der Gare du Nord zum Haus von Karl Lagerfeld, der gerade für die deutsche *Vogue* eine Geschichte über König Farouk fotografierte. Gianfranco Ferré spielte die Rolle des einstigen Königs und ich seine vulgäre amerikanische Geliebte. Ich troff nur so vor Diamanten und vor ansonsten nicht viel. Und fühlte mich unglaublich schüchtern in Gegenwart von Herrn Lagerfeld, der zwar freundlich war, aber auch zugeknöpft hinter seinem Fächer, bis er auf einmal vor Lachen brüllte, mich in die Wangen kniff und küsste wie ein Onkel. Wir unterbrachen die Arbeit und aßen ein deftiges französisches Mittagessen, einen Eintopf mit viel Rotwein, geschmolzenem Käse und knusprigem Brot und kleine Töpfchen mit intensiv schmeckender Mousse au Chocolat zum Nachtisch. Ich war im Himmel. Der Fototermin dauerte bis tief in die Nacht, und nachdem alle nach Hause gegangen waren, fotografierte er mich, wie ich in seiner wunderbaren Bibliothek herumtanzte, die in einem Meer wächserner Lilien und Hunderter Kerzen erstrahlte. Um drei Uhr früh wanderte ich quer durch die Stadt zu dem altmodischen Hotel, wo ich übernachtete, und lag mit weit geöffneten Augen im Bett, unfähig, Schlaf zu finden. Es gab so viel, was ich aufnehmen, erinnern wollte, von den Büchern, die raumhoch die Wände bedeckten, bis zum Duft der Lilien, der mich an das Innere einer Kirche erinnerte, der Kühle der Diamanten an meinem Hals, dem Essen …

Man hatte mich wahrgenommen. Dicke Frauen aus aller Welt schrieben mir Glückwunschbriefe und priesen meine ausladenden Formen. Morgenmagazine wollten mich interviewen. Zeitungen berichteten atemlos von meiner ungewohnt kräftigen Erscheinung, die langersehnte Antwort auf eine Modebranche mit nahezu durchsichtigen Models. Nach all den eckigen Figuren schienen sich die Leute etwas anderes zu wünschen als halbverhungerte Wesen: eine sinnliche Frau, die genoss, was immer und wann immer sie es wollte. Klar, dass ich das nun wurde. Aber Fragen dazu, wofür das Ganze stand und was es womöglich bedeutete, gingen völlig an mir vorbei. Nicht länger vom Lohn einer Kellnerin abhängig, war ich viel zu sehr damit beschäftigt, in London, Paris, New York und Milano herumzuhüpfen und mein Modeling-Geld in den Nobelrestaurants der entsprechenden Städte zu lassen. Ich war zum ersten Mal bei Nobu und starb fast vor Wonne – dieser Black Cod! In Italien war es Risotto, in Paris Remoulade, und New York war einfach das kulinarische Mekka der Welt, Punktum.

Ich erinnere mich, wie ich ganz am Anfang Modenschauen machte, hastig in irgendein winziges Etwas hineingezwängt. Obwohl den Laufsteg hoch und runter zu laufen innerhalb von Minuten vorbei ist, kann man die Gesichter derer, an denen man vorbeigeht, wie in Zeitlupe beobachten. Die Reaktionen, die ich hervorrief, waren so auffallend zwiespältig, dass es fast greifbar war. Die einflussreicheren unter den Moderedakteuren saßen mit fest verschränkten Armen da, wirkten peinlich berührt und verdrehten die Augen. Andere riefen mir zu und klatschten Beifall. Manche Fotografen am Ende des Laufstegs buhten mich aus, andere pfiffen begeistert. Der Einzug der Titten in die Mode war schon verdammt lange her – entsprechend verzückt waren sie. Ich fand eine Art traurig-pubertärer Anerkennung darin – nicht besonders vernünftig oder durchdacht, eher so was in der Richtung: »Das sind Männer, die mir da nachpfeifen. Die stehen offenbar auf mich. Hurra! Das muss wohl heißen, dass ich irgendwie sexy bin.«

Jede Frau in meiner Familie hatte in ihrer Jugend eine Phase, in der ihre Formen etwas auseinandergingen. Nur dass ich zur Stellvertreterin und mein Gewicht eine Angelegenheit öffentlichen Interesses wurde, statt etwas, auf das man leicht belustigt zurückblickt, wenn einem mal das Familienalbum vorgelegt wird. Unter uns haben wir immer über unsere Gefräßigkeit gewitzelt. Wir beschreiben Ereignisse durch das, was wir jeweils gegessen haben. Essen und Kochen sind bei uns bis heute etwas Vergnügliches und absolut ungezwungen. Es war schon seltsam, dass ich mich, aus einer solchen Familie stammend, dazu noch mitten in meinen Entwicklungsjahren, ausgerechnet in einer Branche wiederfinden sollte, die ja nicht gerade für ihre Wertschätzung des Epikuräischen berühmt ist. Das hatte schon irgendwie etwas Spaßiges, Subversives. Es war eine etwas wacklige Laufbahn, aber voller interessanter Dinge.

Und wissen Sie was? Inzwischen bin ich abgesehen vom Hang zu korallenrotem Lippenstift und schrecklichen Hüten wieder genau dort, wo ich mit sieben war. Ich kann mich dem Sirenengesang der Küche einfach nicht entziehen. Diese Küche ist dabei sowohl wörtlich als auch metaphorisch zu verstehen. Sie ist die Summe all dessen, was ich bis heute gelernt habe und immer noch lerne.

Sie ist sanft und entspannt, eine strafende, Schuld einflößende Einstellung zum Essen wird nicht geduldet. In dieser Küche schätzen wir die aufbauende Kraft der Schokolade. Sie hat einen Kamin und vielleicht auch ein paar Hunde aus dem Hundeasyl, die sich neben dem Feuer zusammenrollen. Am Fenster könnte ein kleines Klavier stehen, mit einer Orchidee drauf, die nicht gleich den Kopf hängen lässt, wenn man sie anguckt. An langen Sommertagen stehen die Türen offen und ein paar träge, nicht stechende Bienen summen durch die Luft. Kinder laufen herein. Wenn es regnet, gibt es hier Platz zum Lesen und auch immer einen Löffel, der seinen Weg in die Kuchenmischung findet. Man brütet bei einer Tasse Tee über einem Problem oder tauscht müßig Klatsch aus. Es ist die Küche meiner Großeltern, mit einer Prise David Bowie. Sie bedeutet für mich ausgedehnte Frühstücke, Freundinnen mit Babys auf den Knien, sie bedeutet sonntäglicher Abschied und das Versprechen von mehr. Diese Küche ist der Ort, wo das Leben stattfindet – ungeordnet, chaotisch und köstlich.

Sie ist einfach wunderbar.

Diese Küche ist auch der Ort, an dem Löffel ihren Weg in die Kuchenmischung finden.

Herbst
Frühstück

Pochierte Eier auf Champignons mit Ziegenkäse

FÜR 2 PERSONEN

2 große braune Champignons

Salz und Pfeffer

Olivenöl

2 dicke Scheiben weicher Ziegenkäse

2 Eier

1 TL Weißweinessig (zum Pochieren)

1 frischer Estragonzweig

Diese Eier gibt es bei mir, wenn ich nicht mehr viel Brot im Haus habe, aber hungrig bin. Champignons haben so was angenehm Fleischiges, das sättigt, ohne so schwer im Magen zu liegen wie ein traditionelles englisches Frühstück.

Den Grill vorheizen. Pilze putzen und Stiele entfernen, mit Salz und Pfeffer würzen und mit etwas Olivenöl beträufeln, ein Löffel sollte genügen. Den Ziegenkäse zerbröseln.

Die Pilze mit der Stielseite nach oben etwa 5 Minuten unter den Grill schieben. Gleichzeitig die Eier in leicht kochendem Wasser pochieren (1 TL Weißweinessig sollte verhindern, dass sie sich trennen).

Der Ziegenkäse lässt sich auf zweierlei Weise verwenden: Entweder auf die Pilze geben, ehe man sie unter den Grill schiebt, so dass er bräunt, oder ihn sofort nach dem Grillen über die Pilze verteilen.

Die Eier etwa 3 Minuten pochieren, falls sie innen weich bleiben sollen (oder aber 5, falls man sie lieber etwas fester mag). Abtropfen lassen, auf die bröselige Käse-Pilz-Mischung geben, mit gehacktem Estragon bestreuen, etwas Pfeffer darübermahlen, et voilà!

Milchreis mit Birnenpüree

Manche meiner Rezepte tendieren etwas in Richtung Babykost. Das hier ist ein perfektes Beispiel dafür.

Milch und Reis in einem schweren Topf zum Kochen bringen. Kardamomkapseln und Zimtstange hinzufügen. Die Hitze auf niedrigste Temperatur zurückdrehen und mit geschlossenem Deckel 20 Minuten unter gelegentlichem Umrühren köcheln lassen.

Währenddessen die Birnen schälen, Kerngehäuse entfernen und Birnen in Scheiben schneiden. Den Apfelsaft zum Kochen bringen; Birnen und Zimt hinzufügen. Etwa 5 Minuten garen, bis die Birnen weich sind, falls nötig, noch etwas Saft hinzufügen. Vom Herd nehmen und in einen Mixer geben oder mit einem Pürierstab im Topf zerkleinern.

Den Reis mit einer Gabel auflockern und in eine Schüssel füllen. Das Birnenpüree mit etwas Honig oder Ahornsirup über den Reis gießen und – wenn es ein besonders trüber Morgen ist – einen Löffel Crème fraîche hineinrühren.

FÜR 2 PERSONEN
375 ml Milch nach Belieben – ich verwende fettarme oder Sojamilch
100 g Basmatireis
2 Kardamomkapseln, leicht zerdrückt
1 Zimtstange
Honig oder Ahornsirup, nach Geschmack
Crème fraîche (optional)

Für das Birnenpüree
2 Birnen
60 ml Apfelsaft
etwas Zimt

Omelett mit karamellisierter roter Zwiebel und Cheddarkäse

FÜR 1 PERSON
½ kleine rote Zwiebel
Olivenöl
2 Eier
Salz und Pfeffer
50 g Cheddarkäse

Beim Zwiebelhacken weine ich wie ein Baby. Vor ein paar Jahren aber habe ich im Internet ein geniales Gerät entdeckt, das einem die ganze Arbeit abnimmt. Man schält einfach die Zwiebel, steckt sie in den oberen Teil der Vorrichtung, setzt den Deckel auf und betätigt die Kurbel. Voilà, Zwiebelwürfel ganz ohne Tränen.

Die Zwiebel grob hacken. In einer beschichteten Pfanne auf kleiner Flamme 1 EL Olivenöl erhitzen. Ich verwende dazu eine kleine Pfanne, da ich meine Omeletts dick und locker mag. Die Zwiebeln langsam anbraten, so dass sie nur an den Rändern bräunen, in der Mitte aber schön weich und purpurn bleiben. Das dauert etwa 5 Minuten. Sobald die Zwiebeln gut aussehen, herausnehmen und beiseite stellen. Angebrannte Reste aus der Pfanne entfernen.

Die Eier verschlagen und würzen. Wieder bei niedriger Hitze etwas Öl in der Pfanne erhitzen und die Eier hinzufügen. Etwa eine halbe Minute stocken lassen. Käse grob reiben und auf dem Omelett verteilen. Während er schmilzt, die Zwiebeln darübergeben und das Omelett behutsam mit einem Spatel zusammenfalten. Je nachdem, wie durchgegart man sein Omelett wünscht, kann man es auch noch einmal wenden. Ich mag, wenn es innen noch ein wenig flüssig ist.

Schmeckt übrigens köstlich mit einem Klacks Senf! (Und falls Sie pingelig sind wie mein Bruder Ned, lassen Sie die Zwiebeln einfach weg!)

Goldbraunes Granolamüsli

Das Granolamüsli können Sie mit Milch essen wie Cornflakes, es auf Ihren Joghurt oder Porridge streuen oder einfach zwischendurch davon naschen. Beim Backen fühlt man sich wie eine Hausfrau aus den Fünfzigern, weil das ganze Haus in einen warmen zimtigen Duft gehüllt ist.

Den Ofen auf 180 °C (Umluft 160 °C) vorheizen und ein großes Backblech einfetten oder mit Backpapier auslegen.

In einer Schüssel Haferflocken, Kürbiskerne, Mandeln und Kokosraspel vermischen. In einer zweiten, größeren Schüssel alle feuchten Zutaten und die Gewürze verrühren. Dann die trockenen Zutaten mit den feuchten vermengen.

Die Mischung gleichmäßig auf dem Backblech verteilen und mit einem Spatel glatt streichen. Etwa 40 Minuten backen und dabei fortwährend im Auge behalten. Wenn die Müsli-Mischung zu bräunen beginnt, wenden, um sicherzustellen, dass sie von beiden Seiten gleichmäßig geröstet wird.

Sobald das Granolamüsli fertig ist, aus dem Ofen nehmen, abkühlen lassen und die Aprikosen hinzufügen.

In einem luftdicht verschließbaren Behälter aufbewahren und mit Milch oder Joghurt servieren oder nach Lust und Laune davon naschen.

FÜR 4–6 PERSONEN

Öl zum Einfetten
200 g Haferflocken
70 g Kürbiskerne
50 g geriebene Mandeln
50 g Kokosraspel
2 TL Vanilleextrakt
160 ml Agavensirup oder
  Honig
2 EL Apfelsaft
1 EL Zimt
1 TL Piment, gemahlen
1 Prise frisch geriebene
  Muskatnuss
100 g getrocknete Aprikosen, gehackt

eine Tasse starken Tee und
Miles Davis in der Stereoanlage

Musiker-Frühstück (selbstgebackenes Brot mit Parmaschinken)

ERGIBT EINEN GROSSEN LAIB

450 g Vollweizenmehl

100 g Haferflocken

½ Würfel (25 g) frische Hefe oder 1 Päckchen Trockenhefe

1 TL Meersalz

600 ml warmes Wasser

1 EL Sonnenblumenöl

1 EL flüssiger Honig

Mein Schatz ist Musiker. Das hier, eine Tasse starken Tee und Miles Davis in der Stereoanlage, macht ihn morgens zu einem glücklichen Menschen.

In einer großen Schüssel sämtliche trockenen Zutaten mit einem Holzlöffel vermischen. In einem Glaskrug warmes Wasser, Sonnenblumenöl und Honig vermischen. Die Wassermischung zu den trockenen Zutaten in die große Schüssel gießen und unterrühren. Den Teig abdecken und etwa 20 Minuten an einem warmen Ort, zum Beispiel auf einer Wärmeplatte, gehen lassen, bis er sich etwa verdoppelt hat.

Nachdem der Teig aufgegangen ist, rühren Sie ihn mit dem Holzlöffel, bis die Luft entwichen ist und er wieder auf die ursprüngliche Größe zurückgegangen ist. Vertrauen Sie mir. Den Teig in eine geölte Kastenform (23 x 13 x 6 cm) geben und erneut für etwa eine Stunde an den warmen Ort verbannen. Den Ofen auf 190 °C (Umluft 170 °C) vorheizen.

Das Brot 45 Minuten bis eine Stunde im Ofen backen, bis es schön gebräunt ist.

Mit Butter, Senf und einer großen Scheibe Parmaschinken servieren oder, wie ich es mag, einfach nur mit Butter und Marmelade.

Indische Süßkartoffel-Pfannkuchen

REICHT FÜR
2 HUNGRIGE
MÄGEN, UND ES
BLEIBT AUCH
NOCH ETWAS FÜR
SPÄTER ÜBRIG

2 Eiweiß

340 g Süßkartoffeln, gekocht und grob zerstampft

2 mittelgroße Frühlingszwiebeln oder Schalotten, gehackt

1 ½ TL Currypulver

1 Prise gemahlener Kreuzkümmel

Salz und Pfeffer

Erdnussöl

Ich habe einmal ein paar Monate für Filmaufnahmen in Bombay verbracht, wobei sich zwei Dinge herauskristallisierten: Erstens, ich bin keine Schauspielerin. Doch sollten einmal alle Stricke reißen, kann ich nun zweitens tanzen und gleichzeitig playback Hindi singen. Ich liebe, liebe, liebe die indische Küche und am allermeisten das pikante Frühstück. Das hier sind eigentlich keine Pfannkuchen, sondern eher eine Art Kartoffelpuffer, allerdings ohne Öl.

Das Eiweiß mit einer Gabel verschlagen. Alle anderen Zutaten bis auf das Erdnussöl mit den Fingern in einer großen Rührschüssel vermischen, das Eiweiß als Letztes zugeben.

Eine möglichst schwere Bratpfanne mit etwas Erdnussöl einreiben und erhitzen. Kleine Teighäufchen hineingeben. Bitte beachten: Je größer die Pfannkuchen, umso länger brauchen sie, bis sie durch sind, daher lieber kleine Puffer backen. Eventuell mit einem Spatel etwas flachdrücken. Das Ausbacken dauert bei mittlerer Hitze etwa 5 Minuten pro Seite, wobei man sie am Ende noch einmal 2 Minuten von der ersten Seite anwärmen sollte.

Überbackener Schellfisch

Bereiten Sie dieses Gericht nicht zu, wenn Sie frisch verliebt sind oder wenn Sie Gäste bekommen. Schellfisch ist kein Aphrodisiakum und wird auch nie eines sein. Aber trotzdem ganz köstlich.

Den Ofen auf 180 °C (Umluft 160 °C) und den Grill vorheizen.

Zwei Auflaufförmchen einfetten. Den Schellfisch halbieren und auf die Förmchen verteilen. Die Milch darübergießen, jeweils ein Lorbeerblatt und schwarzen Pfeffer hinzufügen. 10 Minuten garen. Aus dem Ofen nehmen, mit Cheddar bestreuen und den Käse einige Minuten unter dem heißen Grill zerlaufen lassen. Etwas frische Petersilie hacken und den Schellfisch damit bestreuen.

FÜR ZWEI, DIE SCHON VERLIEBT SIND

Butter zum Einfetten

1 großes Stück frisch geräucherter Schellfisch (etwa 350–400 g)

250 ml Milch

2 Lorbeerblätter

Frisch gemahlener schwarzer Pfeffer

50 g würziger Cheddar, gerieben

Frische Petersilie zum Garnieren

Herbst
Mittagessen

Salat aus Spinat und Brunnenkresse mit Ziegenkäse

FÜR 2 PERSONEN

2 Eier

90 g Spinat

1 kleiner Bund Brunnen-
kresse

110 g weicher Ziegen-
käse, zerkrümelt

70 g Kürbis (oder etwas
mehr oder weniger,
wie Sie eben mögen),
geröstet

Für das Dressing

1 ½ TL Harissapaste

2 EL Olivenöl

Dieser Salat soll möglichst wenig Aufwand machen, deshalb schlage ich vor, das Harissa für die Salatsauce einfach fertig zu kaufen. Wirklich gutes Harissa finden Sie in jedem anständigen Feinkostladen oder in türkischen und arabischen Geschäften. Sie müssen es lediglich noch mit etwas rauchigem Olivenöl vermischen (siehe unten), über Ihren Salat gießen und dann den Luxus genießen, herrlich faul zu sein.

Die Eier in etwa 8 bis 10 Minuten hartkochen. Brunnenkresseblätter abzupfen, Spinat verlesen, beides waschen und in eine Salatschüssel geben. Die Eier schälen, zum Salat geben und mit dem Ziegenkäse vermischen. Harissapaste mit Olivenöl zu einem Dressing verrühren. Kürbiskerne in einer beschichteten Pfanne ohne Fett leicht anrösten, über den Salat streuen und mit dem Dressing anmachen.

Kinderleicht!

Französische Zwiebelsuppe

Puristen werden behaupten, dass nichts über eine echte französische Zwiebelsuppe geht, die man mit Rinderbouillon zubereiten muss und auf der eine große Insel aus Brot und geschmolzenem Käse zu schwimmen hat. Ich verwende Gemüsebrühe und verzichte aufs Brot – auf diese Weise ist sie nicht so schwer, aber genauso herrlich dekadent und köstlich. Der Trick dabei ist, dass man die Zwiebeln ganz laangsaaam köchelt, damit sie ihren intensiven Karamellgeschmack an die Suppe abgeben. Ein paar Tropfen Balsamico-Creme verleihen ihr zusätzlich ein wunderbar geheimnisvolles Aroma, herrlich an einem faulen Herbsttag.

**FÜR REICHLICH
4 PERSONEN**
3 große Zwiebeln
1 EL Butter
1 Schuss Olivenöl
2 l Fond – ich habe dafür
   4 Tassen Hühnerfond
   und 4 Tassen Gemüse-
   brühe verwendet. Für
   das Originalrezept
   nimmt man Rinder-
   bouillon, aber meiner
   Meinung nach ist das
   hier genauso gut
1 EL Balsamico-Creme
Salz und Pfeffer
100 g geriebener Käse –
   Gruyère ist wunderbar,
   aber Parmesan tut es
   auch

Die Zwiebeln grob hacken. In einem großen Topf (ich verwende dafür einen schweren Le Creuset) die Butter mit etwas Olivenöl bei niedriger Hitze zerlassen. Um den Boden vollständig mit Fett zu bedecken, den Topf hin und her schwenken.

Die Zwiebeln hineingeben, mit einem Holzlöffel mit dem Öl ver- mischen und etwa 40 Minuten lang behutsam anschwitzen. Wenn man die Hitze auf die niedrigste Stufe stellt, benötigt man kein weiteres Öl. Gegen Ende der Garzeit die Temperatur etwas erhöhen, denn die Zwiebeln sollen ein wenig braun werden und karamellisieren, keinesfalls aber knusprig oder gar schwarz.

Sobald die Zwiebeln an den Rändern leicht goldbraun geworden sind, Brühe zugießen. Die Hitze erneut reduzieren, Suppe um- rühren und die Balsamico-Creme hinzufügen. Ich weiß nicht wa- rum, aber dadurch erhält die Suppe eine milde, süße Erdigkeit. Weitere 15 Minuten köcheln lassen. Falls nötig, mit Salz und Pfeffer abschmecken und mit einer Kelle in Suppentassen füllen.

Unmittelbar vor dem Servieren mit Käse bestreuen.

herrlich dekadent und köstlich

Tintenfisch-Salat mit gegrillten Paprikaschoten und Koriander-Dressing

Eines der besten Mittagessen meines Lebens habe ich auf einem kleinen Boot in Griechenland genossen, wo die Mutter des Kapitäns in einem unförmigen Badeanzug ins Meer sprang und mit einer Tüte voller zappelnder Tintenfische triumphierend wieder auftauchte. Sie hat sie mit Zitrone und Olivenöl gebraten. Es war himmlisch. Das hier ist mein Dank an sie.

Die Paprikaschoten mit etwas Olivenöl in einer Grillpfanne braten. Sobald sie gar und ein wenig abgekühlt sind, in dünnere Streifen schneiden.

Die Tintenfische in Ringe schneiden, die Fangarme jedoch ganz lassen. In einer heißen Bratpfanne mit etwas Olivenöl 2 bis 3 Minuten sautieren, bis sie leicht goldbraun sind. Auf einen Teller geben und mit den Paprikastreifen vermischen.

Korianderblätter, Basilikum, Öl, Knoblauch und Limettensaft in den Mixer geben und auf höchster Stufe mixen. Falls nötig, noch etwas Limettensaft zugeben. Über die Tintenfische und die Paprikastreifen gießen und servieren.

FÜR 4–6 PERSONEN

1 große rote Paprikaschote, längs geviertelt, Kerne entfernt
1 große gelbe Paprikaschote, längs geviertelt, Kerne entfernt
Olivenöl
Etwa 100 g kleine Tintenfische, geputzt

Für das Dressing
1 Bund frischer Koriander, gehackt
Einige Basilikumblätter
4 EL Olivenöl
½ Knoblauchzehe, geschält und gehackt
Saft von 1 Limette

Spiegeleier mit Mangold

FÜR 2 PERSONEN
Butter zum Einfetten
2 EL Olivenöl
160 g rote Zwiebeln,
   gehackt
75 g Mangold, gehackt
2 Eier
110 g Ziegenkäse, zer-
   bröselt

Irgendwie muss ich bei Spiegelei immer an meine Kindheit denken. Sie sind so einfach zuzubereiten und schon für sich allein eine heimelige Mini-Mahlzeit. Genießen Sie sie mit schmackhaftem Mangold, von dem man nie genug kriegen kann und der – oh! – so gesund ist.

Den Ofen auf 180 °C (Umluft 160 °C) vorheizen.

Zwei größere Auflaufförmchen buttern (oder eine große Form, falls man die Eier zusammen garen will). Das Olivenöl in einer Pfanne erhitzen. Die Zwiebeln hinzufügen und etwa 10–15 Minuten lang anschwitzen; darauf achten, dass sie nicht verbrennen. Die Zwiebeln mit dem Mangold vermischen und auf die beiden Förmchen verteilen. Jeweils ein Ei aufschlagen und vorsichtig in jedes Förmchen gleiten lassen, so dass es auf der Mangold-Zwiebel-Mischung thront. Auf der untersten Schiene des Backofens 10 Minuten lang garen.

Den Grill vorheizen. Die Förmchen aus dem Ofen nehmen, den Ziegenkäse darüberstreuen und unter den Grill stellen, bis der Käse Blasen wirft.

Mangold – von dem man nie genug
bekommt und der – oh! – so gesund ist

Hähnchen-Halloumi-Kebab mit Pfifferlingen

FÜR 2 PERSONEN

2 Hähnchenbrüste, enthäutet und entbeint, jeweils in vier Stücke geschnitten

Olivenöl

1 Packung Halloumi (250 g), in acht Würfel geschnitten

4 Spieße (aus Metall oder in Wasser eingeweichte Holzspieße)

Salz und Pfeffer

225 g Pfifferlinge

Für die Marinade

1 Bund gemischte Kräuter, z. B. Petersilie und Minze, gehackt

1 Knoblauchzehe, geschält

4–5 EL Olivenöl

Für das Dressing (nach Belieben)

Olivenöl

Saft von 1 Zitrone

Ich bin verrückt nach Halloumi. Ich liebe seine harte, leicht gummiartige Seele, und ich liebe ihn gegrillt ebenso wie in Salaten. Wer kein Fleisch isst, kann das Hähnchen durch Gemüse ersetzen – wobei mir als Erstes Aubergine einfallen würde.

Für die Marinade Kräuter und Knoblauch hacken und mit dem Olivenöl in einer Schüssel vermischen. Die Hähnchenstücke hineinlegen, die Schüssel mit Frischhaltefolie abdecken und zwei Stunden ziehen lassen.

Den Grill vorheizen. Die Hähnchenstücke 8 bis 10 Minuten bei niedriger Hitze in 1 EL Olivenöl anbraten, dann die Kebabs wie folgt abwechselnd aufspießen: Hähnchen, Halloumi, Hähnchen, Halloumi. Mit Salz und Pfeffer würzen. Bevor Sie die Kebabs grillen, vergewissern Sie sich, dass das Hähnchenfleisch feucht genug ist; wenn nötig, mit noch etwas Öl bepinseln.

Währenddessen die Pfifferlinge in 1 EL Olivenöl 3 Minuten braten. Pilze in die Mitte einer Servierplatte häufen und die Spieße darauflegen. Wer will, kann sich noch etwas Extradressing aus Olivenöl und Zitronensaft mischen und darübergießen.

Spinatsuppe mit Graupen

Mein Kindermädchen Maureen war eine Meister-Suppenköchin. Als Kind lohnte es sich fast, hin und wieder krank zu sein, nur damit man auf dem Sofa vor dem Fernseher diesen dampfenden Teller Trost serviert bekam. Das ist meine Hommage an Maureen.

In einem schweren Topf das Öl erhitzen, Zwiebel und Salbeiblätter hinzufügen und bei schwacher Hitze etwa 5 Minuten anschwitzen. Währenddessen in einem zweiten Topf die Brühe erwärmen. Den Spinat zu den Zwiebeln geben und einige Minuten zusammenfallen lassen. Heiße Brühe zugießen und 10 Minuten abgedeckt bei niedriger Hitze köcheln lassen. Die Perlgraupen hinzufügen und etwa eine halbe Stunde weitergaren, bis die Graupen weich sind. Nach Geschmack würzen. Die fertige Suppe in Suppentassen oder -teller verteilen und mit Parmesan bestreuen.

FÜR 4–6 PERSONEN

3 EL Olivenöl

1 Zwiebel, gehackt

2 große frische Salbeiblätter, gehackt

1,5 l Gemüsebrühe

180 g Spinat, gewaschen und gehackt

150 g Perlgraupen

Salz und Pfeffer

50 g Parmesan, gerieben

Buchweizen-Risotto mit Waldpilzen

FÜR 2 PERSONEN

170 g Buchweizen
Salz und Pfeffer
150 g Waldpilze
2 EL Butter
2 EL Olivenöl
4 Schalotten, gehackt
1 Knoblauchzehe,
   geschält und zerdrückt
2 EL Weißwein
4 EL Mascarpone
Gemüsebrühe (optional)

Puristen, seht noch mal weg oder verwahrt euch dagegen, denn das hier sollte nun wirklich nicht Risotto heißen. Aber immerhin, das Getreide wird in Brühe gegart, hat was Suppiges, und wenn ihr wirklich anderer Meinung seid, so gebt ihm halt einen anderen Namen.

Den Buchweizen 40 Minuten in sprudelndem Salzwasser oder Brühe garen. Abgießen und beiseite stellen. Die Pilze putzen und je nach Größe in Stücke schneiden, die kleinen kann man auch ganz lassen.

1 EL der Butter und 1 EL des Olivenöls in einem Risottotopf oder einer tiefen Pfanne erhitzen. Schalotten und Knoblauch hinzufügen und bei schwacher Hitze etwa 4 Minuten anschwitzen. Abschmecken. Die Pilze und etwa 1 EL Weißwein hinzufügen. Deckel auflegen und noch einmal circa 4 Minuten bei schwacher Hitze garen. Die Mischung in eine vorgewärmte Schüssel geben und ja nicht den köstlichen Saft weggießen.

Erneut den Risottotopf verwenden und den Buchweizen zusammen mit den Resten von Öl und Butter, dem Mascarpone und dem Pilzsaft hineingeben. Einen weiteren EL Wein hinzufügen und etwa 3 Minuten garen, dabei behutsam umrühren, um alle Zutaten zu vermischen. In flachen Schalen oder Suppentellern servieren und die Pilzmischung darübergeben.

Herbst
Abendessen

Bauernsuppe

FÜR 4–6 PERSONEN

1 Zwiebel, gehackt

Etwa 3 EL Olivenöl

Einige Knoblauchzehen,
  ungeschält

1 Möhre, gehackt

1 Stange Staudensellerie,
  gehackt

150 g Grünkohl, gehackt

1 l Gemüsebrühe oder
  Hühnerfond

250 ml Weißwein

450 g Canellinibohnen,
  gekocht oder abge-
  tropfte aus der Dose

50–100 g Parmesan,
  gerieben

So etwas koche ich an langen, düsteren Nach-
mittagen, um den Herbst-Blues zu verscheuchen.
Die Suppe ist schlicht und endlos variierbar. Sie
können praktisch alles hineintun, was Sie gerade
zuhause haben.

Wie stets mit Zwiebel, Öl und Knoblauch in einem schweren
Topf beginnen. Bei niedriger Hitze etwa 5 Minuten lang an-
dünsten. Möhre, Sellerie und Grünkohl hinzufügen und etwa
3 Minuten weitergaren. Falls das Gemüse anhaftet, Brühe und
Fond gleich zugießen, andernfalls nach 3 Minuten zusammen
mit dem Wein. Nun bei schwacher Hitze 20 Minuten köcheln
lassen, dann die Bohnen zugeben. Weitere 15 Minuten garen, ab
und zu umrühren, danach den Parmesan hinzufügen. Kurz vor
dem Servieren die Knoblauchzehe herausfischen. Man kann die
Suppe so dick oder dünn kochen, wie man möchte, und ganz
nach Gefühl und Geschmack Zutaten weglassen oder hinzufügen.

Sonntagsbrathähnchen mit Beilagen

FÜR 4 PERSONEN

1 mittelgroßes glück-
liches, freilaufendes
Hähnchen
Salz und Pfeffer
1 Handvoll frischer
Estragon und Dill,
fein gehackt
Olivenöl
1 Zitrone
1 Lorbeerblatt
6 Knoblauchzehen, un-
geschält

*Für das Sellerie-Pasti-
naken-Püree*
2 Sellerieknollen, ge-
schält und in Stücke
geschnitten
4 Pastinaken, geschält
und halbiert
1 EL Butter
1 EL Crème fraîche

Brathähnchen ist für mich gleichbedeutend mit Sonntag, egal ob ich welches esse oder nicht. Dieser Duft, der dann durchs Haus zieht, Babys, die auf dem Schoß geschaukelt werden, und das beruhigende Rascheln von Zeitungen kennzeichnen diesen Tag ohne viele Worte als einen der Ruhe und der Familie.

Den Ofen auf 200 °C (Umluft 180 °C) vorheizen.

Das Hähnchen waschen und trocken tupfen. Ganz, ganz sachte die Haut vom Fleisch lösen. Nehmen Sie dazu am besten die Finger oder aber ein Messer, wenn Ihnen das leichter fällt. Die Haut soll nicht abgezogen werden; es soll lediglich Platz für die Kräuter geschaffen werden. Die fein gehackten Kräuter nun unter die Haut schieben. Statt Butter zu verwenden, beträufle ich das Hähnchen gewöhnlich nur mit Olivenöl und reibe es in die Haut. Ich mag es auch, wenn man zwei Zitronenhälften zusammen mit einem Lorbeerblatt und den Knoblauchzehen in die Bauchhöhle des Hähnchens steckt. Dann das Hähnchen in einen Bräter setzen und in den Ofen stellen. Dort bleibt es etwa 1½ Stunden.

Sellerie und Pastinaken in sprudelndes Salzwasser geben und in etwa 20 Minuten weich kochen. Abgießen, aber etwas Kochwasser, nur einen Schuss, für das Püree und die Sauce aufheben. Sellerie und Pastinaken mit Butter, Crème fraîche und etwas Salz und Pfeffer in den Mixer geben und pürieren. Probieren und, wenn nötig, noch etwas nachwürzen. Beiseite stellen.

Etwa 10 Minuten, bevor das Hähnchen fertig ist, die Möhren kochen, und zwar nicht länger als 5 Minuten, da sie *al dente* sein sollen. Abgießen und beiseite stellen. Die Butter langsam zerlassen und Kreuzkümmel, Kümmel, Senfsamen, Ingwerwurzel und Zucker hinzufügen. Die Möhren hineingeben und rühren, bis sie gründlich mit der Mischung überzogen sind.

Das Hähnchen aus dem Ofen nehmen und die Sauce zubereiten – ich verwende den Bratensaft, etwas zusätzlichen Hühnerfond, eventuell auch etwas Weißwein, Sahne, ein wenig Kartoffelstärke sowie Salz und Pfeffer nach Geschmack. Essen und danach einen Mittagsschlaf halten.

Für die Möhren
2 mittelgroße Möhren,
    in Julienne-Streifen
    geschnitten
1 EL Butter
1 TL gemahlener Kreuzkümmel
1 TL Kümmel
1 EL frische Ingwerwurzel, fein gehackt
1 TL Rohrzucker

Für die Sauce
Etwas Hühnerfond, heiß
Ein Schuss Weißwein
    (nach Belieben)
1 EL Sahne
1 EL Kartoffelstärke, mit
    Wasser vermischt
Salz und Pfeffer

Pariser Allerlei

REICHT FÜR
EINIGE
600 g Puy-Linsen
1–2 EL Olivenöl
1 rote Zwiebel, fein
   gehackt
1 Knoblauchzehe, ge-
   schält und gehackt
125 ml Rotwein
30 g Spinat
1 Tasse frische Gemüse-
   brühe
1 EL Crème fraîche
2 Handvoll Feldsalat
Eine großzügige Hand-
   voll frische Petersilie
   und frischer Koriander
Salz und Pfeffer

Das Pariser Allerlei verdankt seinen Namen den
Besuchen, die ich meiner guten Freundin, der genia-
len Künstlerin Annie Morris, in ihrer Wohnung in
der Rue Guisarde in Paris abstattete, als wir beide
ungefähr neunzehn waren. Dort gingen wir immer
spät in den Supermarkt und kauften ein ziemliches
Durcheinander aus Puy-Linsen, Salat, Knoblauch,
Zwiebeln und Kräutern ein. Unser Eintopf wurde
völlig planlos, begleitet vom Verzehr großer Mengen
Rotwein, gekocht, während wir meist dümmlich auf
eine Auswahl hübscher französischer Jungs starrten.
Doch aus irgendeinem Grund schmeckte es immer
unglaublich köstlich.

Die Linsen mit so viel Wasser in einen Topf geben, dass sie
gerade bedeckt sind. Bei schwacher Hitze 20 Minuten köcheln
lassen, dann abgießen. In einem großen Topf 1 EL des Öls erhitzen und die Zwiebel hinzufügen. Auf kleiner Flamme etwa
10 Minuten anschwitzen. Mit dem Knoblauch weitere 5 Minuten
dünsten. Linsen und Rotwein zugeben und noch einmal 5 Minuten garen. Spinat mit etwa einer halben Tasse frischer Gemüsebrühe hinzufügen und weitere 5 Minuten garen. Sobald die Flüssigkeit etwas eingekocht ist, Brühe oder Wein hinzufügen, denn
der Eintopf sollte leicht suppig sein.

Crème fraîche und 1 EL Olivenöl unterrühren. Am Ende den
Feldsalat zugeben und einige Minuten mitgaren. Die Kräuter
grob hacken und darüberstreuen. Abschmecken und servieren.

Das Schöne an diesem Eintopf ist seine kinderleichte Zuberei-
tung und dass man immer wieder probieren und improvisieren
kann. Mit warmem Sauerteigbrot zum Auftunken der Flüssigkeit servieren.

reicht für einige –
und man braucht nicht unbedingt
hübsche Franzosen dazu

Wolfsbarsch in Estragon-Waldpilz-Sauce

FÜR 2 PERSONEN

2 Wolfsbarschfilets

Salz und Pfeffer

Olivenöl

75 g gemischte Waldpilze

60 ml Fischfond

1 EL Pernod oder Ricard

1 EL Sahne

1 EL frischer Estragon,
   sehr fein gehackt

Estragon ist eines meiner Lieblingskräuter. Er hat ein klares, anisähnliches Aroma, wodurch er sich ideal für Fisch oder Hähnchen eignet. Ich würde ihn auch in meinem Garten in London pflanzen, aber die Katze der Nachbarn liebt es, auf meine Kräuter zu pinkeln und mir dabei eindeutig rotzige Blicke durchs Fenster zuzuwerfen. Was den Bauernmarkt unseres Viertels dann doch weitaus attraktiver macht.

Den Ofen auf 200 °C (Umluft 180 °C) vorheizen. Den Barsch würzen und mit etwas Olivenöl bepinseln. Er darf nur knapp 15 Minuten in den Ofen; sobald er drinnen ist, mit der Sauce beginnen.

Die Pilze in einer beschichteten Pfanne in ein wenig Olivenöl etwa 4 Minuten sautieren. Den Fischfond hinzufügen und bei schwacher Hitze 3 bis 4 Minuten köcheln lassen. Pernod oder Ricard angießen und, sobald alles etwas eingekocht ist, Sahne und Estragon hinzufügen und umrühren.

Den Fisch aus dem Ofen nehmen und mit der Sauce übergießen. Mit knackigen grünen Bohnen servieren.

Lilys Wokgemüse mit Tofu

Das ist das Leib- und Magengericht meiner guten Freundin Lily. Als ich einmal ein paar Monate bei ihr lebte, haben wir uns davon und von einem Riesenvorrat von »Green & Black's«-Schokolade ernährt.

In einem großen Wok (oder etwas, das als Wok durchgeht) Sesamöl erhitzen. Mit dem Rotkohl beginnen, weil der am längsten garen muss. 10 Minuten lang dünsten. Von da an einfach weitermachen – als Nächstes Zwiebel, dann den Tofu, einen Schuss Tamari- oder Sojasauce, einen Schuss Mirin oder Apfelessig, Möhre, Zucchini, Zuckerschoten oder Bohnensprossen und Sesamsamen. Man kann nach Herzenslust Zutaten hinzufügen. Pfannenrühren sollte eine heiße, schnelle Sache sein, ein lockeres Durcheinander.

Zum Schluss noch etwas Koriander hacken, darüberstreuen und auf dem Schoß essen, während man sich im Fernsehen *Girls Club* anguckt.

Ach, wie glamourös!

FÜR 2 PERSONEN

2 EL Sesamöl
70 g Rotkohl, klein geschnitten
80 g Zwiebel, grob gehackt
150 g fester Tofu, in Würfel geschnitten
2 EL Tamari- (weizenfreie Sojasauce) oder Sojasauce
1 TL Mirin oder Apfelessig
110 g Möhre, grob geraspelt
100 g Zucchini, grob geraspelt
60 g Zuckerschoten oder Bohnensprossen
1 EL Sesamsamen
1 Handvoll Koriander, frisch gehackt

wir haben uns von Lilys Wokgemüse und einem
Riesenvorrat von »Green & Black's«-Schokolade ernährt

Aubergine Parmigiana

Aubergine Parmigiana habe ich das erste Mal mit dreizehn in New York gegessen – an dem Abend, an dem wir in unser neues Haus eingezogen waren, steif vom Jetlag inmitten staubiger Kartons saßen und mit Plastikgabeln aus Pappbehältern aßen, was wir beim Italiener an der Ecke bestellt hatten. Die rauchigen Auberginenscheiben, bedeckt von süßer Tomatensauce und kleinen Seen geschmolzenen Mozzarellas, waren wirklich eine Offenbarung für mich.

Den Ofen auf 200 °C (Umluft 180 °C) vorheizen. Die Auberginen längs in 1 cm dicke Scheiben schneiden und großzügig mit Meersalz bestreuen. 20 Minuten stehen lassen.

Inzwischen in einem großen Topf etwas Olivenöl erhitzen und Zwiebel und Knoblauch sachte darin anschwitzen. Nicht anbrennen lassen. Die Tomaten und den Zucker hinzufügen und mit Salz und Pfeffer abschmecken. Mit geschlossenem Deckel etwa 20 Minuten köcheln lassen. Falls gewünscht und falls vorhanden, geben Sie 1 EL Balsamico-Crème hinzu.

Die Auberginenscheiben nebeneinander auf ein Backblech legen. Mit Olivenöl bepinseln und etwa 15 Minuten backen, bis sie goldbraun sind.

Eine große Auflaufform mit etwas Öl einfetten. Die Auberginenscheiben aus dem Ofen nehmen und eine Schicht in die vorbereitete Form legen. Mit etwas Basilikum bestreuen, einige Mozzarellascheiben und Tomatensauce darauf verteilen und mit Parmesan bestreuen. In derselben Reihenfolge fortfahren, bis alle Zutaten aufgebraucht sind. Zum Schluss noch einmal mit Parmesan und Basilikum bestreuen. 20 Minuten überbacken und mit einem grünen Salat servieren.

FÜR 4–6 PERSONEN

3 mittelgroße Auberginen
Meersalz
125 ml Olivenöl
1 große Zwiebel, in Scheiben geschnitten
2 Knoblauchzehen, geschält und fein gehackt
3 Dosen Tomaten à 400 g, stückig
1 EL Rohrzucker
Salz und Pfeffer
Balsamico-Crème zum Abschmecken (optional)
50 g frisches Basilikum, gehackt
300 g Büffelmozzarella (2 große Kugeln), in Scheiben geschnitten (man kann auch Ricotta verwenden)
100 g Parmesan, gerieben

Gegrillter Lachs mit überbackenen Zwiebeln

Meine Mum ist die Königin der überbackenen Zwiebeln, und ich bin praktisch davon groß geworden. Geschmorte Zwiebeln mit ihrer milden Süße, die der Ofen aus ihnen hervorlockt, haben fast etwas von einer Süßspeise. Das hier könnte ich auch noch am nächsten Tag mit Begeisterung kalt verschlingen. (Und habe es auch schon getan.)

Zunächst die Zwiebeln schälen und sie im Ganzen 20 Minuten in einem Topf mit sprudelndem Wasser kochen. Den Ofen auf 180 °C (Umluft 160 °C) vorheizen.

Die weichen Zwiebeln aus dem Wasser nehmen und halbieren. In eine flache, feuerfeste Form setzen, mit Salz und Pfeffer würzen, Sahne dazugeben und mit dem geriebenen Käse bestreuen. 25–30 Minuten in den Ofen stellen.

Während die Zwiebeln etwa 15 Minuten backen, Lachs waschen und mit Salz und Pfeffer würzen. Einen großzügigen Spritzer Öl auf jedes Filet geben und jeweils den Saft einer halben Zitrone darüber auspressen. Eine Grillpfanne erhitzen und den Lachs darin etwa 5 Minuten von jeder Seite braten.

Inzwischen sollten die Zwiebeln Blasen werfen und eine schöne goldbraune Farbe haben. Auf einem Teller mit dem Lachs und grünem Salat mit einer kräftigen Vinaigrette servieren.

FÜR 2 PERSONEN

4 kleine Zwiebeln
Salz und Pfeffer
150 ml Sahne
50 g Parmesan oder
    Gruyère, gerieben
2 dicke Wildlachsfilets,
    enthäutet
Olivenöl
1 Zitrone

Winter

Meine frühesten Erinnerungen ans Kochen und Helfen stammen aus einer Zeit, als ich etwa dreieinhalb Jahre alt war. Wir lebten in Wandsworth, Tür an Tür mit Joyce und George, einem ganz reizenden Paar. Joyce und George nahmen Kinder in Pflege, so dass ich gern bei ihnen vorbeischaute, weil es immer etwas zu tun beziehungsweise jemanden zum Spielen gab.

Dass ich bei ihnen herumlungerte, wurde so selbstverständlich, dass George ein kleines Mini-Holztor für mich in den Zaun baute, damit ich nach Lust und Laune zwischen den Grundstücken hin- und hergehen konnte. Problematisch daran war nur, dass ich seine Einladung viel zu wörtlich nahm. Einmal – so die Familienlegende – sei meine Tante Lucy zum Babysitten gekommen und habe mir ein Bad einlaufen lassen. Mir aber stand der Sinn offenbar weniger nach Baden als vielmehr nach Geselligkeit. Und sobald Lucy mir den Rücken zudrehte, lief ich in den Garten hinaus und kam Minuten später splitternackt in Joyce' und Georges geschäftige Küche spaziert.

»'n Abend. Was gibt's zu essen?«, soll ich angeblich gesagt haben. Lucy war inzwischen halb verrückt vor Angst, da sie dachte, ich sei entführt worden. Joyce allerdings, die sich zwei und zwei zusammenzählen konnte, rief sie an, und Lucy kam herübergelaufen, um von meinem Anblick – nackt und Pommes mampfend – begrüßt zu werden. Ich weigerte mich, mitzukommen. In Erinnerung ist mir lediglich das Bestechungsangebot, das man mir machte, um mich wieder nach Hause zu kriegen. Ich durfte Joyce helfen, den Kuchenteig zu rühren, und wenn ich brav war und in dem T-Shirt – das Joyce mir über meine widerstrebenden Glieder zu zerren versuchte – ohne weitere Zicken nach Hause ging, dann durfte ich gleich als Erstes am nächsten Morgen wiederkommen und mir ein Stück Kuchen holen.

Ich liebte es, den großen Holzlöffel durch den schweren Kuchenteig zu ziehen oder diesen dann dickflüssig und glänzend in die Backform zu gießen. Ich erschrak, war aber gleichzeitig fasziniert von dem Hitzeschwall aus dem Ofen und versteckte mich hinter

Joyce' Beinen, als sie den Kuchen hineinschob. Während meines nur widerwillig ertragenen Bades und auch noch, als Lucy mich zu Bett brachte, ging mir der Kuchen nicht aus dem Sinn.

Am Morgen stand er dann auf dem Küchentisch, eine Biskuittorte gefüllt mit Erdbeermarmelade und mit Zuckerguss überzogen. Fast schien es mir wie Zauberei, dass unter dem heißen Blick des Ofens etwas so Leichtes entstehen konnte. Und so geht es mir heute noch.

Das mit der Nacktheit wurde, als ich mit etwa neunzehn zu modeln begann, gängige Praxis, ein gefährliches Nebenprodukt meiner Kurven, da mir keines der Musterteile je passte.

»Ich hab's!«, rief der jeweilige Fotograf dann aus. »Fotografieren wir sie doch … nackt!«

Auf ein Neues, dachte ich nur. Statt abzunehmen, wie man es bei all der Medienaufmerksamkeit, die meine ungewöhnlichen Kurven zu umgeben begann, vielleicht hätte erwarten können, wurde ich immer noch runder.

Ich hätte die idealen Hände zum Backen, erklärte mir Gee-Gee, weil sie immer kalt waren.

Und grün hinter den Ohren, wie ich war, kochte ich auch nicht mehr, wie ich es während meiner Kindheit und Jugend getan hatte. Stattdessen aß ich mittags und abends in Restaurants, schwelgte in all dieser erwachsenen Kultiviertheit, bestellte Vorspeisen, Hauptgerichte und Desserts. Ich erinnere mich, wie einmal eine kluge Freundin, mit der ich aufgewachsen war, zu mir sagte: »Es kann nicht gut für dich sein, ständig auswärts zu essen – Restaurants wollen schließlich, dass du wiederkommst, sie werden dir das köstlichste Essen der Welt auftischen, aber mit viel zu viel Butter, Sahne, Salz und Zucker. Denen ist es doch egal, ob du fett wirst.«

»Oh nein«, erwiderte ich, die Augen rund vor Gier. »Natürlich verwenden sie nicht mehr von all den Sachen als du oder ich. Sie nehmen einfach die richtigen Zutaten, und folglich macht das auch nicht dick.« Und damit stürzte ich mich auf meine zweite Portion getrüffeltes Kartoffelpüree mit Unmengen von Butter.

Im Flugzeug war es das Gleiche. Die Stewardess kam mit ihrem klirrenden Eiswagen angerollt.

»Möchten Sie eins?«, fragte sie augenzwinkernd.

»Oh ja, bitte«, erwiderte ich.

»So ist's recht. Gibt uns allen Hoffnung.«

Dass ich weder Hunger hatte, noch besondere Lust auf Eis, spielte keine Rolle. Da ich die Möglichkeit hatte, dachte ich nur, sollte ich es auch tun. Ich war schließlich das dicke Model. Man erwartete von mir, dass ich aß – viel aß. Damit machte ich anderen Leuten Hoffnung und gab ihnen ein gutes Gefühl beim Schokolade-essen. Es war schon recht unbedarft, so zu denken.

Je mehr ich aß, umso hungriger schien ich zu werden. Ich fühlte mich nur noch schwer. Ich wusste nicht, wie ich damit umgehen sollte, denn ich dachte, wenn ich dünner würde, hieße das ja, dass ich eine Heuchlerin war, weil ich mich in Interviews so glücklich über meine Figur geäußert hatte, und wäre das dann nicht alles in Abrede gestellt? Bedeutete das nun, dass ich eine Lügnerin war? Es war schon verwirrend. Ich futterte weiter, ja, wenn ich mir zwei grüne Currys, Reis, Wokgemüse und Suppe beim Thai um die Ecke bestellte, tat ich sogar so, als hätte ich Besuch.

»Möchtest du Klebreis, Bob?«, fragte ich meinen Phantomgast dann laut, als ob es die nette Thailänderin am anderen Ende der Leitung gekümmert hätte, dass ich ein Vielfraß war. Ich hatte wirk-lich keinen Schimmer von Ernährung oder davon, was gut oder nicht so gut für mich war. Ich mutmaßte viel – und lag damit meis-tens ziemlich daneben.

Wäre meine Großmutter Gee-Gee noch da gewesen (zu meinem großen Kummer verstarb sie, als ich neunzehn war), sie hätte es nicht verstanden. In ihrem windumsäuselten Haus an der Küste von Sussex hatte Gee-Gee mir das Kochen beigebracht. Wir begannen mit Kuchen und kochten im Herbst Marmelade. Ich hätte die idealen Hände zum Backen, erklärte sie mir – weil sie immer kalt waren (und blieben). Leider kann ich nicht backen wie sie, sie ist unerreicht. Gee-Gees Einstellung zum Essen war äußerst strikt. Man aß drei Mahlzeiten am Tag, vielleicht eine süße Kleinigkeit zum Tee, und dreimal die Woche hielt man sich »fit« (wie sie das nannte). Sie war schon bio und hat sich nachhaltig ernährt, als das noch gar nicht in Mode war. Das Gemüse stammte aus ihrem Gar-ten, der Fisch von den einheimischen Fischern am Strand, und auch aus »nichts«, so schien es wenigstens, konnte sie attraktive Resteessen zaubern. Ihre Haltung zum Essen war vernünftig und ausgewogen. Hatte man einmal zu viel gegessen, was sie nur selten tat, dann wurde man das bei einem flotten Strandspaziergang wie-der los. »Aber Herzchen, du wirst doch wohl keinen Hunger mehr haben?«, fragte sie, wenn ich mich mit siebzehn nach dem Abend-essen immer noch in der Küche herumdrückte, auf der Suche nach

irgendetwas, das meinen unstillbaren Teenagerhunger ein wenig zu dämpfen vermochte.

»Ich bin am Verhungern.«

»Bist du nicht, Schätzchen. Die Menschen in Afrika verhungern. Du hast eben erst zu Abend gegessen. Du hast nur Appetit.«

»Nein. Ich habe Hunger.« Sie verdrehte zwar die Augen gen Himmel, doch weil sie eine Engelsgeduld besaß, sagte sie nichts weiter. Stattdessen versuchte sie, etwas Gesundes für mich zu finden.

»Wie wäre es denn mit einer schönen Pflaume?«

»Mmmm, nein danke.«

»Oder etwas von dem leckeren Müsli? Ballaststoffe sind sehr wichtig, das weißt du.«

»Ich bin nicht verstopft, Gee-Gee! Ich habe Hunger.«

»Wie wär's denn mit einem hübschen kleinen Sahnebonbon?«

»Oh, na gut, okay.«

»Sollen wir uns Thelma und Louise, diesen Film mit dem nichtsnutzigen Burschen mit dem Wuschelkopf (Brad Pitt), denn nun ansehen?«

Während Gee-Gee mich Backen lehrte, lernte ich die Grundlagen der herzhaften Küche von meiner Mum. Schon von klein auf halfen meine Geschwister und ich beim Kochen des sonntäglichen Mittagessens, was weitgehend ohne Worte verlief und wo wir allein durchs Mitmachen etwas aufschnappten. Meine Mutter kocht nach Gefühl und hält sich nur selten an Rezepte. Ich bin genauso, was problematisch wird, wenn man einem anderen ein Rezept weitersagen will. »Tja also, ich hab eine Prise davon genommen ...«

Unsere Sonntagsessen waren das beste Beispiel für dieses Verfahren – neue Zutaten wurden nach Lust und Laune hinzugefügt, und nur so aus Jux wurde Yorkshire Pudding zu Hähnchen serviert. Meine Mum machte irrsinnig gute Nachspeisen mit ziemlich aufwändigen Saucen. Auch vermittelte sie mir mit feierlichem Ernst, wie wichtig es ist, »seinen« Mann zu bekochen. »Kochen für Ihn« wurde von einem Soundtrack aus Dolly Parton, Crystal Gayle und vielleicht auch Stevie Wonder begleitet. Es bedeutete auch, dass man zwischen dem Umrühren gelegentlich vor den Spiegel lief, um Lipgloss aufzulegen. Von besagtem Mann wurde dann allerdings erwartet, dass er für die ihm vorgesetzte reiche Fülle überaus dankbar zu sein hatte, und war er das nicht, dann gnade ihm Gott.

Mit etwa siebzehn lud ich einen Jungen, den ich anhimmelte, zum Abendessen ein. Ich fragte ihn, was er zu essen haben wollte, wenn er sich etwas wünschen könne. »Spaghetti Carbonara«, lautete die Antwort. Er kam, schlang die Spaghetti Carbonara hinunter und war im Nu wieder weg – ließ mich ungeküsst und ziemlich untröstlich mit dem Abwasch sitzen.

Und meine Mum fand mich mal wieder heftig schluchzend in meinem Zimmer. »Er liebt nur meine Spaghetti, aber nicht mich!«, jammerte ich.

»Na ja, dann ist er ein Trottel«, meinte sie mit der ewigen Voreingenommenheit der Mütter.

Um die gleiche Zeit wuchs in mir (womöglich von den Sonderangeboten des Pubs in Golders Green inspiriert) die Besessenheit heran, die perfekte Ofenkartoffel zu backen. Nach der Schule ließ ich meine Freundinnen vorbeikommen, damit sie die Früchte meiner Arbeit einem Test unterzogen. Nach dem ersten Backgang bepinselte ich die Kartoffel mit Olivenöl und bestreute sie mit Meersalz, backte sie noch einmal, bis die Haut knusprig und glänzend und für das nächste Stadium bereit war. Das bestand darin, die Kartoffel auszuhöhlen und das Innere mit Butter, Salz, einem Schuss Milch und vielleicht etwas frisch geriebener Muskatnuss zu zerdrücken. Die Füllung wechselte Tag für Tag. Einmal war es eine Käse-Lauch-Sauce, die durch ein bisschen Senf ihren besonderen Kick erhielt, ein andermal tat es auch ein Klacks Sauerrahm mit Brunnenkresse und Schnittlauch.

Wie gesagt, wäre Gee-Gee noch da gewesen, meine runde Periode wäre wohl sehr viel rascher vorbei gewesen. Meine Eltern betrachteten sie lediglich als eine Phase, wie sie sie auch selber durchgemacht hatten – wenn auch nicht auf dem Laufsteg.

Ich versank in einem Riesenteller Pasta wie eine Ertrinkende.

Nacktfotos, Stewardessen und beliebige Äußerungen in der Presse zusammengenommen, brachten mich zuletzt zu dem Schluss, dass es höchste Zeit für eine längere Denkpause war. Ich war zwanzig. Ich flog nach Los Angeles, zu meiner reizenden Tante Lucy (meiner einstigen Babysitterin), die sich nach wie vor in phänomenaler Form befindet. Sie bot mir an, bei einer Trainerin in einem benachbarten Studio Stunden für mich zu buchen.

»Ich denke, das könnte eine wirklich gute Idee sein«, sagte ich.

»Hurra! Wie aufregend!«, erwiderte sie. »Dann können wir zu Niketown fahren und dir Laufschuhe kaufen.«

Insgeheim dachte ich mir zwar, dass Blahnik vielleicht ein bisschen aufregender gewesen wäre, behielt das aber für mich, weil ich inzwischen so schwer war, dass mir ständig all meine dünnen Absätze abbrachen. »Sie sind also Model?«, meinte die goldige, gertenschlanke, rothaarige Trainerin ungläubig. »Hm, ja«, erwiderte ich, während ich mich bemühte, nicht zu hyperventilieren und nach der dritten Minute auf dem Laufband umzukippen.

»Ein Model für große Größen?«, fragte sie.

»Eigentlich nicht. Es war nicht so gedacht, wissen Sie … ach, spielt ja auch keine Rolle. Ja, ich denke schon.«

Als ich heimkam, machte mir Lucy einen Riesenteller Pasta mit Pesto. Ich versank darin wie eine Ertrinkende.

Das Geniale an Los Angeles war: sobald die Leute merkten, dass ich keine Schauspielerin war, verloren sie auch das Interesse daran, womit ich mir eigentlich meinen Lebensunterhalt verdiente. So konnte ich unbehelligt meinen Angelegenheiten nachgehen, schlechte Gedichte schreiben, Unmengen von Büchern lesen und zu der Rothaarigen gehen.

Los Angeles hat es, wenn Sie im Filmgeschäft sind, unbarmherzig auf Ihren Körper abgesehen. Erkennen kann man das sowohl an den Jeans Größe 36, die die Verkaufsetagen beherrschen, als auch an der Menge von gedämpftem Eiweiß, das auf den Frühstücksspeisekarten vertreten ist. Doch weil ich keine Schauspielerin war und mich nicht für gedämpftes Eiweiß oder Jeans in Größe 36 interessierte, ging diese Körperbesessenheit irgendwie an mir vorbei. In England, wo ich aufgewachsen war und wegen meiner Formen traurige Berühmtheit erlangt hatte, wäre mein plötzliches Interesse an Fitness ein Thema gewesen. In L. A. schaute keiner auf mich und meine kurvigen Verfehlungen. Ich war nur ein weiteres blondes Mädchen mit großen Titten und folglich wohl ein Möchtegern-Playmate. Dieses Desinteresse hatte etwas Befreiendes. Weil ich nicht ständig daran dachte oder darüber sprach, quälte mein Gewicht mich auch nicht mehr so.

Das Ironische daran war, dass die Pfunde sachte zu purzeln begannen; und als ich drei Monate später wieder abreiste, war ich gewichtsmäßig wieder dort, wo ich ein paar Jahre zuvor angefangen hatte. Zum ersten Mal seit Beginn meiner Karriere empfand ich meinen Körper nicht als etwas von mir Getrenntes. Plötzlich befand er sich wieder in meinem Zuständigkeitsbereich. Damals dämmerte mir Einsicht Nummer eins – welche besagte, dass mein Körper mir gehörte und sein Schicksal – egal ob gut oder schlecht – allein in meinen Händen lag.

Beschwingt flog ich in ein eisiges London zurück und lehnte die Eiscreme im Flugzeug ab.

Nachdem ich wieder begonnen hatte, Sport zu treiben, suchte ich mir nun einen Trainer in London. Der Grund dafür, warum ich immer Trainer hatte, ist ehrlich gestanden der, dass ich Sportstudios total verabscheue. Ich mag das Gefühl danach, ich liebe die Wirkung, aber während des Trainings fühle ich mich nur elend und jammere wie der Esel von Winnie Pu.

Der neue Trainer hatte keinerlei Ähnlichkeit mit dem Rotschopf. Er war militant und irgendwie fies. Er war riesengroß und unzugänglich wie ein rostiges Eisentor. Er brüllte mich an wie bei der Armee: »Wollen Sie fit sein oder fett sein?«

»Wie bitte?« Ich fragte mich, warum ich für so was bezahlte und ob ich vielleicht insgeheim Masochistin war.

»Ich hab gesagt: ›Wollen Sie fit sein oder fett sein?‹«

»Fit.« Ich starrte in seine seltsam haarlosen Nasenlöcher hinauf.

Dann machen Sie jetzt noch zwanzig.

Danach war mir immer speiübel, und gleichzeitig war ich dankbar. Es lief wie geschmiert. Ich sagte ihm schüchtern, dass ich nicht spindeldürr werden müsse, sondern dass ich trainiert und gesund sein wolle. Ich genierte mich für meine Studiobesuche; eigentlich sollte es niemand erfahren, so dass das alles ein wenig verstohlen vonstatten ging, so als hätte ich eine Affäre. Auf seine rechthaberisch-sachliche Art war er ganz nett, und ich begann mich auf die Stunden zu freuen. Ich vertraute ihm und dachte, er verstehe, warum meine Selbstwahrnehmung ein wenig verzerrt war.

Eines Tages hinterließ er mir wegen eines Termins am nächsten Morgen eine Nachricht auf dem Handy. Aber dann vergaß er, aufzulegen. Damals musste man sich tatsächlich noch die ganze Nachricht bis zum Ende anhören, ehe man sie löschen konnte. Er saß mit einem Freund im Auto. Ich hörte Geraschel und dann seine laute, dröhnende Stimme.

»Du weißt doch, um wen es geht, oder? Eines Tages will sie eine Figur wie Cindy Crawford haben, sagt sie. Hast du sie mal gesehen, die Ärmste? Der fetteste Hintern, den ich je gesehen habe. Eigentlich ist alles an ihr fett.«

Ich war enttäuscht. Offensichtlich wusste ich ja, dass ich einen dicken Hintern hatte, sonst würde ich ihn ja nicht dafür bezahlen, ihn dünner zu machen. Mit Sicherheit gab es einen Moralkodex für Personal-Trainer, eine Art hippokratischen Eid für Lycra-Träger, der es ihnen untersagte, sich gegenüber Freunden über ihre korpulenten Kunden lustig zu machen. Ich rief ihn zurück.

»Es ist etwas Bedauerliches vorgefallen, und ich kann morgen nicht zu meiner Stunde kommen«, stotterte ich.

»Dann sollten Sie aber besser eine verdammt gute Entschuldigung dafür haben«, erwiderte er.

»Die habe ich. Leider haben Sie, als Sie mir Ihre Nachricht hinterließen, nicht richtig aufgelegt. Ich finde es total daneben von Ihnen, sich Ihren Freunden gegenüber über meinen Hintern lustig zu machen, den ich ja durchaus kleiner zu kriegen versuche. Ich weiß schon, dass Leute Gespräche führen, die nicht für andere Ohren gedacht sind, aber ich habe es eben gehört, und das war kein schönes Gefühl. Deshalb kann ich nicht kommen und Sie überhaupt nie wieder sehen, tut mir leid.«

Es folgte eine lange dramatische Pause.

»Na ja, Sie sind nun mal fett«, erwiderte er beleidigt. »So dass ich ja nur eine Tatsache ausgesprochen habe.«

»Machen Sie es bitte nicht noch schlimmer. Ich denke, wir sollten uns einfach eingestehen, dass etwas Bedauerliches geschehen ist, und es dabei belassen.«

»Aber Ihr Hintern ist nun mal dick«, knurrte er.

»Okay. Ich lege jetzt auf.«

Am nächsten Tag schickte er mir – ausgerechnet – eine Strickjacke (Größe: Small) mit einer kurzen Mitteilung. »Ich hoffe, sie ist nicht zu groß« stand da.

Nach diesem Vorfall bekam ich eine Sportallergie. Was sollte das Ganze auch?, dachte ich. Es war nur peinlich und doof. Es tat weh. Ich wusste sowieso nicht, was ich langfristig tun und wie ich weitermachen wollte. Vielleicht sollte ich mich ja einfach in Kaftane werfen und mich damit abfinden, dass ich die dicke Exzentrikerin war?

Da ich jede Menge Zeit hatte, begann ich wieder zu kochen. Ich wohnte damals in einem komischen kleinen Cottage mit einem uralten Gasofen, der einer der besten war, die ich je besessen habe. Ich lud Leute zum Essen ein oder kochte, in meiner hellbeigen Küche vergraben, typische Kindergerichte für Tage im Voraus, machte Riesenpötte von allem. Ich aß Unmengen und naschte den ganzen Tag über von den Dingen, die ich kochte. Es gab in dieser Zeit auch ein paar nette, aber unpassende Freunde, die ich stopfte wie Weihnachtsgänse.

Ich begann wieder zu kochen und machte Riesenpötte von allem.

Irgendjemand bot mir eine Filmrolle an, und dann noch eine. Ich war nicht besonders gut. Mit Schauspielunterricht, dachte ich, könnte ich mich vielleicht verbessern. Ich sprach bei einer großen Produktion vor, irgendetwas mit Shakespeare, und – welch ein Wunder – wurde zurückgerufen und zu Probeaufnahmen eingeladen. Eine Woche lang wartete ich mit angehaltenem Atem. Der Regisseur schrieb mir einen reizenden Brief. Das Studio hatte mich schließlich doch nicht berücksichtigt.

Ich war einundzwanzig; ich hatte kein Geld und spielte mit dem Gedanken, wieder zu kellnern und mich fürs College zu bewerben. Da klingelte das Telefon, meine Agentin war dran und erzählte mir von einem gutbezahlten einwöchigen Job in einem fernen Land. Ich dankte meinem guten Stern. »Es wird einen Pressetag geben, und sie werden dir auch Fragen zu deinem Körper stellen«, meinte sie.

Und das taten sie. Und zwar ohne Unterlass. Aber ich machte mir nichts daraus, denn sobald ich wieder zu Hause war, nahm ich mein im fernen Land verdientes Geld und checkte im wunderbaren Ballymaloe House in Irland ein, von dem ich zwar bereits in sämtlichen Kochzeitschriften gelesen hatte, wo ich aber noch nie gewesen war. Ballymaloe wird von der experimentierfreudigen Köchin Darina Allen geleitet. Es ist ein georgianisches Haus nur wenige Kilometer vom Meer entfernt, und das Essen ist himmlisch. Es war eine interessante Erfahrung, weil ich, obwohl ich nicht einmal eine Woche dort verbrachte und zu allen Mahlzeiten beträchtliche Mengen verputzte, dünner abreiste, als ich gekommen war. Das hing damit zusammen, dass ich sowohl einfach als auch gesund aß. Gee-Gee-mäßig gab es drei Mahlzeiten am Tag, frisch zubereitet und ohne böse Chemie, nichts zwischendurch, und jeden Nachmittag machte ich einen langen Strandspaziergang. Zum Frühstück aß ich sonnenblumengelbes Rührei, dazu eine Scheibe frisches Vollkorn-Sodabrot mit Butter. Das Mittagessen bestand aus einer köstlichen Suppe und einem großen Salat, vielleicht gab es auch noch ein schmales Stück *Tarte tatin*, und zum Abendessen aß ich frischen Fisch mit einem Haufen Gemüse.

Daheim machte ich dann genauso weiter, kochte jeden Abend und aß nicht mehr nur aus Langeweile. Während ich früher beim Kochen auf Bewährtes und Sättigendes zurückgegriffen hatte, gestaltete sich dieser Neuanfang gesund, ein bisschen verwegen und abenteuerlich. Mit jedem gelungenen Rezept wurde ich zuversichtlicher. Supermärkte hatte ich zwar schon immer geliebt, nun aber besuchte ich sie mit neu erwachter Fantasie. Ich kaufte Dinge, die zuzubereiten ich mich früher niemals getraut hätte: stachlige Artischocken, leuchtende Rote Bete und sogar Rochen.

Ob die Sonne schien, ob es schneite – ich kochte. Ich entdeckte aufs Neue die Freude am Kochen und auch, wie schön es ist, für Menschen zu kochen, die ich liebe. Es ist eines der unverfälschtesten Vergnügen überhaupt, und wie Lesen und Fahrradfahren gehört es zu den Dingen, die man nicht mehr verlernt, wenn man sie einmal kann. Was ich aus dieser aufreibenden Zeit in England mitnahm, hatte entscheidende Auswirkungen auf mein Leben danach.

Ich eignete mir die Grundlagen guter Küche an und fand allmählich zu einer ausgewogenen Ernährung. Ich merkte dabei, dass es keinen geheimen Kode zu knacken gab, sondern das »Geheimnis« in der geradlinigen Denkweise meiner Großmutter und der meisten Großmütter auf der ganzen Welt zu finden war. Beim Essen Modeströmungen zu folgen (oder aufgrund seiner Essgewohnheiten selbst zum Trend zu werden!), kann durchaus problematisch und verwirrend sein. Trends sind im Nu überholt, wechseln wie der Wind. Man findet sie überall, in Kunst und Musik, Mode und Film, und während der vergangenen zwanzig Jahre auch ganz massiv in der Ernährung. Wer hätte wohl vor fünfzig Jahren gedacht, dass man eine ganze Gruppe von Nahrungsmitteln verunglimpfen und verleumden und für eine Weile aus der Alltagskost von Millionen von Menschen verbannen würde? Ich spreche vom Kohlenhydrat, dem armen missverstandenen Ding. Irgendjemand Kohlsuppe gefällig? Oder eine Diät aus Grapefruit und hartgekochten Eiern? Chemie statt Fett? Unsere Vorfahren hätten sich vor Lachen gekugelt. Die erprobten alten Rezepturen (ob beim Essen oder in jeder anderen Hinsicht) sind meist die verlässlichsten. Zu ihnen kehren wir zurück.

Wenn wir etwas Dauerhaftes erreichen wollen, brauchen wir eine gute vernünftige Basis. Manchmal lassen die Umstände das nicht zu, und wenn dem so ist, müssen wir das ziemlich schnell ändern. Lernen kann schwierig und schmerzhaft sein, aber auch komisch und bereichernd. Und es gehört einfach zum Leben dazu. Es macht uns zu denen, die wir sind; menschlich, mit Fehlern behaftet und – Gott, ja! – bereit, etwas dazuzulernen …

Ich eignete mir die Grundlagen guter Küche an und merkte dabei, dass es keinen geheimen Kode zu knacken gab.

Winter
Frühstück

Birnen-Ingwer-Muffins

Wirklich ganz wunderbar – und ideal, wenn es Sie nach Süßem gelüstet, Sie es aber ein bisschen übertrieben haben. Das sind luftig-leichte, zarte kleine Küchlein ohne die Mächtigkeit des traditionellen Muffin. Man kann sie als Ergänzung zu etwas Gehaltvollerem servieren, oder aber – wenn es wirklich nur ein Hauch von Frühstück sein soll – reichen sie auch allein.

Den Ofen auf 190 °C (Umluft 170 °C) vorheizen. Eine 12er-Muffin-Form mit Sonnenblumenöl einfetten. (Man kann auch einzelne Papierförmchen verwenden, die zum Servieren sehr hübsch aussehen – und, falls man möchte, den Muffinteig mit einer Birnenscheibe garnieren.)

Backpulver, Natron, Ingwer, Zimt und Muskatnuss in eine große Rührschüssel sieben. Dinkelmehl und Haferflocken unterrühren. In die Mitte eine Vertiefung drücken und sämtliche feuchten Zutaten, die gewürfelte Birne und die Rosinen hinzufügen. Behutsam rühren, bis alle trockenen Zutaten untergehoben sind. Den Teig so in die Muffinform gießen, dass alle Vertiefungen zu zwei Dritteln gefüllt sind.

In den Ofen schieben und etwa 25–30 Minuten backen, bis die Muffins gebräunt sind. Noch warm mit Apfelmus servieren; auch mit Orangenmarmelade schmecken sie ganz köstlich.

FÜR 12 MUFFINS

Sonnenblumenöl

2 TL Backpulver

1 TL Natron

1 TL gemahlener Ingwer

1 TL Zimt

¼ TL frisch geriebene Muskatnuss

145 g Dinkelmehl

150 g Haferflocken

225 g Birnenpüree (ich verwende Bio-Babynahrung)

4 Eiweiße, leicht verschlagen

125 ml Naturjoghurt

1 feste Birne, geschält, Kernhaus entfernt und gewürfelt

110 g Rosinen

Rühr-Tofu mit Kreuz-kümmel und Shiitake-pilzen

FÜR 2 PERSONEN

1 EL Sesamöl

75 g Shiitakepilze, gehackt

Salz und Pfeffer

150 g fester Tofu

1 gehäufter TL gemahle-ner Kreuzkümmel

1 EL frischer Thymian, gehackt, und etwas mehr zum Servieren (optional)

Ehe ich nach Amerika zog, wusste ich gar nicht so recht, was Tofu ist. Eigentlich nur ein fader Protein-schwamm, bietet er jedoch die perfekte Basis für jede beliebige Zutat, mit der Sie ihn würzen wollen. Er ist in unterschiedlicher Konsistenz erhältlich, und man kann praktisch alles damit anstellen – rühren, backen oder grillen. Auf alle Fälle ist es sinnvoll, ihn für die Nichtfleischfresser unter uns vorrätig zu halten.

Das Öl in einer Pfanne erhitzen und die Pilze darin anbraten. Mit Salz und Pfeffer würzen und beiseite stellen. Noch etwas Öl in die Pfanne gießen, den Tofu mit den Fingern zerbröseln und erhitzen, bis er wie Rührei aussieht. Mit einem Holzlöffel Kreuz-kümmel und Thymian gleichmäßig unterrühren.

Auf zwei Teller verteilen, die Pilze darübergeben und, wenn ge-wünscht, noch etwas Thymian hinzufügen.

Kedgeree mit Naturreis

Die Viktorianer bekämen wohl Zustände, für mich aber ist Naturreis einfach die leichtere Alternative für dieses sättigende Frühstück/Brunch.

Den Schellfisch mit dem Lorbeerblatt etwa 5 Minuten in etwas Milch pochieren, dann enthäuten und zerpflücken.

In einer großen Pfanne ein wenig Olivenöl erhitzen und Zwiebel, Lauch und Currypulver etwa 5 Minuten darin anschwitzen. Den gekochten Reis unterrühren und mit noch etwas Olivenöl und Brühe gut vermischen. Den zerpflückten Schellfisch dazugeben.

Falls man das Gericht gleich in der Pfanne serviert, was ich – nicht sehr vornehm – tun würde, nun Eier und Sahne hinzufügen, ein letztes Mal mit einem großen Holzlöffel umrühren und schwenken, so dass sich die Sahne gleichmäßig verteilt. Würzen und abschmecken und einen Hauch Paprika darübergeben. Großzügig mit frischer Petersilie bestreuen.

Falls Sie das Gericht in einer großen Schüssel servieren, die Eier erst am Ende hübsch ordentlich zugeben und etwas zurückhaltender mit Petersilie bestreuen!

FÜR 4 PERSONEN

1 großes Schellfischfilet (etwa 500 g)
Etwas Milch
1 Lorbeerblatt
Olivenöl
1 kleine Zwiebel, gehackt
1 kleine Lauchstange, gehackt
1 EL Currypulver
500 g gekochten Naturreis (etwa 200 g ungekochter Reis)
Gemüsebrühe oder Fischfond
4 hartgekochte Eier, geviertelt
2 EL Sahne
Salz und Pfeffer
Etwas Paprika
1 große Handvoll frische Petersilie, gehackt

Rührei mit roten Chilischoten und Strauchtomaten

FÜR 2 PERSONEN

4–6 Cherry-Rispen-
Tomaten

Salz und Pfeffer

Olivenöl

1 EL Butter

1 rote Chilischote, Kerne
entfernt und fein
gehackt

4 Eier

Eine meiner ältesten und besten Freundinnen ist Emma, eins fünfzig groß gegenüber meinen fast eins achtzig. Sie ist die einzige Person, die ich kenne, die tatsächlich etwa dreißig Regenhüte ihr Eigen nennt (sie hat geradezu krankhafte Angst, nass zu werden) und winzige Elfenfüße hat. Als meine mit gleichermaßen zierlichen Füßchen gesegnete Großmutter Gee-Gee starb, erbte Emma all ihre Schuhe und Handschuhe und trägt sie mit derselben Verve wie ihre einstige Besitzerin. Was Schmuck angeht, ist sie eine wahre Elster, und diese Eier mit Pep sind ihr Vorschlag.

Den Ofen auf 190 °C (Umluft 170 °C) vorheizen.

Die Tomatenrispen auf ein kleines Backblech legen, mit Salz und Pfeffer bestreuen und mit Olivenöl beträufeln. Etwa 15 Minuten in den Ofen schieben.

Die Butter in einer Pfanne auf kleiner Flamme erhitzen und den gehackten Chili darin 2–3 Minuten anbraten. Die Eier verschlagen und mit Salz und Pfeffer würzen, dann in die Pfanne gießen und ständig weiterrühren. Sobald sie leicht gestockt sind, vom Herd nehmen. Die Tomatenrispe aus dem Ofen nehmen, halbieren und je eine Rispenhälfte auf die beiden Rührei-Teller legen.

Winterliches Kompott

Hier müssen Sie schon am Vorabend beginnen, denn durch Einweichen kann sogar das erbärmlichste Stück Trockenobst in himmlischer Saftigkeit wiederauferstehen.

In einer Schüssel die Früchte vermischen, dann 500 ml abgekühlten Lapsang-Tee und den Orangensaft hinzufügen. Umrühren, abdecken und über Nacht in den Kühlschrank stellen.

Die Obstmischung mit der Zimtstange und eventuell noch etwas Orangensaft – falls die Früchte die ganze Flüssigkeit gierig aufgesogen haben – in einen Topf geben und bei schwacher Hitze einige Minuten kochen. Etwas Joghurt in zwei Schalen verteilen, die Obstmischung darübergießen und mit den gerösteten Mandeln bestreuen.

Anmerkung:
Diese Menge reicht für mehrere Portionen, so dass ich vorschlagen würde, sie abgedeckt im Kühlschrank aufzubewahren und jeden Morgen ein wenig davon aufzuwärmen.

FÜR 6–8 PERSONEN
130 g entsteinte Backpflaumen
130 g getrocknete Aprikosen
150 g Rosinen
Eine Kanne Lapsang-Souchong-Tee
125 ml Orangensaft, plus etwas mehr
1 Zimtstange
Joghurt zum Servieren
50 g Mandelblättchen, geröstet

Porridge mit Aprikosen, Manuka-Honig und Crème fraîche

FÜR 2 PERSONEN
1 Handvoll getrocknete
    Aprikosen
250 ml Orangensaft
1 Zimtstange
100 g Haferflocken
200 ml Wasser oder
    Milch
1–2 EL Manuka-Honig
1–2 EL Crème fraîche

Ob mittags, abends oder zum Frühstück – Porridge kann ich eigentlich immer essen und tue es auch zuweilen, etwa wenn ich von einer Reise komme und nichts mehr im Kühlschrank habe. Manuka-Honig ist sündhaft teuer, aber strotzt ja offenbar nur so vor antibakteriellen Wirkstoffen. Ich habe eine Schwäche für alles, was lecker ist und dann auch noch gesund sein soll. Zyniker mögen die Nase rümpfen und können ihn gern durch einen anderen Honig ersetzen.

Zunächst die Aprikosen mit der Zimtstange im Orangensaft pochieren. Das sollte etwa 5 Minuten dauern.

In einem zweiten Topf den Porridge kochen – zwei Tassen Wasser (beziehungsweise Milch) auf eine Tasse Haferflocken. Normale Haferflocken brauchen etwa 5 Minuten. Den Orangensaft weggießen und die Aprikosen in den Porridge geben. Auf zwei Schalen verteilen und mit je einem Löffel Manuka-Honig und Crème fraîche servieren.

Katerfrühstück mit Eiern

Wenn nichts mehr außer einem ordentlichen Frühstück mit Eiern hilft. Es sieht nicht schön aus, aber es funktioniert. Sie können auch alles andere, was Ihnen noch einfällt, hinzufügen – je salziger und schärfer, umso besser, finde ich. Eine Dose Cola macht das Gelage komplett, ebenso wie ein schlechtes Fernsehprogramm und Sichhinlegen.

Ein wenig Öl in eine auf schwacher Hitze stehende Pfanne gießen. Die Eier hineinschlagen. Den Käse daraufgeben. Den Spinat in der Pfanne zusammenfallen lassen und eine großzügige Dosis Tabasco hinzufügen, wenn Sie auch so verrückt danach sind wie ich. Alles gut verrühren, vom Herd nehmen und mit den Avocadostückchen vermischen. Ein Sandwich daraus machen. Ausruhen.

FÜR 1 PERSON
1 Schuss Olivenöl
2 Eier
Etwas Käse (eine kräftige würzige Sorte wie Cheddar), zerbröselt
1 Handvoll Spinat
Einige Tropfen Tabasco-Sauce
½ Avocado, in Stücken
2 Scheiben von irgendeinem Brot – ein halbes Brötchen oder ein Stück Toast

Gegrillte Bananen mit griechischem Joghurt und Agavensirup

FÜR 2 PERSONEN

2 reife Bananen

1 EL Agavensirup oder
Honig

Rum (optional)

250 ml fettarmer grie-
chischer Joghurt

Als wir klein waren, machte uns mein Großvater oft eine Zwischenmahlzeit, die aus nichts als einer zerdrückten Banane mit einem Löffel Olivenöl bestand. Es ist ein gewöhnungsbedürftiger Geschmack, aber einer, den ich heute noch liebe. Das hier ist genauso gut, aber vermutlich nicht ganz so stark dazu angetan, einen Chor von »Iiihh! Was ist denn das?« hervorzurufen.

Den Grill vorheizen. Die Bananen schälen und längs durchschneiden. Die vier Hälften auf einen mit Folie belegten Grillrost legen und den Agavensirup oder Honig darüberträufeln. Falls es ein etwas ausgelasseneres Frühstück werden soll, kann man auch noch ein wenig Rum dazugeben. Einige Minuten unter den heißen Grill schieben, bis die Bananen gebräunt sind und zischen. Dann mit etwas Joghurt in zwei Schalen geben und grob zerdrücken.

Winter
Mittagessen

Warmer Salat aus Wintergemüse

FÜR 2 PERSONEN

1 rote Zwiebel
1 Süßkartoffel
2 Möhren
2 Pastinaken
1 Sellerieknolle
2 Rote Bete
Salz und Pfeffer
Olivenöl
1 Handvoll Walnüsse,
   gehackt
1 Handvoll Feta, zer-
   krümelt

Für das Dressing
2 EL Olivenöl
1 Bund frische Petersilie,
   gehackt
1 EL Balsamico-Essig
1 TL Dijon-Senf
1 Spritzer Zitronensaft

Wenn der Boden von Frost bedeckt ist und die Dunkelheit halbe Tage verschlingt, erinnert uns dieser Salat mit seinen kräftigen Farben und seinem erdigen Geschmack lebhaft an das, was sich unter der Ackerscholle verbirgt.

Den Ofen auf 220 °C (Umluft 200 °C) vorheizen. Die Gemüse schälen und in Spalten schneiden. In eine Kasserolle legen, mit Salz und Pfeffer bestreuen und reichlich Olivenöl darübergeben. Gemüse etwa 30 Minuten garen und dabei mehrmals wenden. 5 Minuten vor Ende der Garzeit die Walnüsse auf ein Backblech legen, in den Ofen schieben und rösten.

Gemüse in eine Schüssel kippen und mit dem Feta bestreuen. Aus 2 EL Olivenöl, der Petersilie, Balsamico-Essig, Senf und einem Spritzer Zitronensaft (optional) ein Dressing zubereiten. Das Gemüse damit anmachen und mit den warmen gerösteten Nüssen servieren.

Hühnersuppe mit Kichererbsen

FÜR 6 PERSONEN

1 mittelgroße Zwiebel,
  gehackt

2 EL Olivenöl

½ TL Zimt

½ TL gemahlener Ingwer

¾ TL gemahlene Kurkuma

1 Prise gemahlener
  Kreuzkümmel

1 Mairübchen, geschält
  und gehackt

2 Stangen Staudensellerie, in Scheiben geschnitten

2 l Hühnerfond

750 g Hähnchenschenkel,
  enthäutet und entbeint,
  in kleine Stücke geschnitten

Eine Dose Kichererbsen
  à 400 g

Salz und Pfeffer, nach
  Geschmack

Frisch gehackte Petersilie
  oder Koriander zum
  Servieren

Ich koche wahnsinnig gern Suppen, liebe sowohl das Ritual dabei als auch das behagliche Gefühl, etwas auf dem Herd brodeln und köcheln zu haben, während man den Tag beginnt. Das hier ist Trost und Wärme in einem Suppenteller.

In einem großen Topf bei schwacher Hitze die Zwiebel in etwas Olivenöl anschwitzen. Alle Gewürze hinzufügen und einige Minuten rühren. Die Mairübe und den Sellerie dazugeben und etwa 10 Minuten mitgaren lassen, bis das Gemüse weich ist. Hühnerfond und Fleisch hinzufügen und weitere 15 Minuten köcheln lassen. Die Kichererbsen hineingeben und erneut 10 Minuten leise auf kleiner Flamme kochen. Abschmecken. Mit Petersilie oder Koriander und einem Schuss Olivenöl servieren.

Dinkelpfannkuchen mit Frischkäse und Butternusskürbis

Pfannkuchen haben etwas kindlich Wunderbares an sich. Sie sind leicht zuzubereiten, haben aber, rund und goldbraun auf dem Teller, auch etwas spürbar Befriedigendes. Die hier sind gut, wenn Sie einen Vegetarier in Ihrer Mitte haben. Für die Füllung kann man auch Ziegenkäse und Kräuter verwenden, oder was immer Sie gerade zur Hand haben.

Zuerst die Füllung zubereiten. Den gekochten Kürbis mit dem Frischkäse vermischen und Orangenschale und Petersilie hinzufügen. Beiseite stellen.

Die Pfannkuchen vorbereiten, indem man Mehl, Ei, Milch und 1 EL Olivenöl zu einem glatten Teig verrührt. In einer Pfanne 1 EL des Olivenöls erhitzen und eine Kelle Teig hineingeben. Die Pfannkuchen sollten dick genug sein, um die Füllung halten zu können – aber nicht so dick, dass sie wie ein Klumpen wirken –, sozusagen etwas dickere Crêpes sein. Sobald sie auf beiden Seiten schön gebräunt sind und dieses filigrane Muster haben, aus der Pfanne nehmen, auf einen Teller legen und füllen.

Man kann die Pfannkuchen entweder so essen oder aber eine Käse-Béchamelsauce zubereiten und sie bei 180 °C (Umluft 160 °C) 10 Minuten lang mit der Sauce überbacken.

FÜR 2 PERSONEN

Für die Pfannkuchen

115 g Dinkelmehl

1 Ei

125 ml Milch

2 EL Olivenöl

Für die Füllung

65 g gekochter, abgetropfter und gewürfelter Butternusskürbis

110 g weicher Frischkäse

1 TL Orangenschale

1 TL frisch gehackte Petersilie

Pasta alla puttanesca

FÜR 2 PERSONEN
200 g Dinkelpenne
Olivenöl

Für die Sauce
3 EL Olivenöl
1 Knoblauchzehe,
   geschält und gehackt
½ frische rote Chilischote,
   Samen entfernt und
   gehackt
1 Dose stückige Tomaten,
   à 400 g, abgetropft
4 Sardellenfilets
½ TL Rohrzucker (optio-
   nal)
150 g schwarze Oliven,
   entsteint
1 große Handvoll Peter-
   silie, frisch gehackt

Hurenpasta – hat es schon mal irgendein Name so gut getroffen? Er ist perfekt für dieses Gericht: kantig, pikant und mit gerade der richtigen Dosis an Verworfenheit, die neapolitanische Straßen und gefährliche Frauen in engen Kleidern heraufbeschwört.

Zuerst die intensiv riechende, feurige Sauce zubereiten. In einem Topf 2 EL des Olivenöls erhitzen und Knoblauch und Chilischote darin anschwitzen. Der Knoblauch darf keinesfalls anbrennen, da er sonst bitter wird. Die Tomaten hinzufügen und bei schwacher Hitze köcheln lassen. In einem Mörser die Sardellen mit dem restlichen Olivenöl zu einer Paste zerstoßen, zur Sauce geben und etwa 20 Minuten weiterköcheln lassen. Hier könnte man jetzt einen halben TL Rohrzucker zugeben. Probieren und entscheiden Sie selbst.

Die Pasta nach der Packungsanleitung *al dente* kochen. Die Oliven zur Sauce geben und mit einer großen Handvoll Petersilie servieren. Dann tun Sie so, als ob Sie sich in einem dampfigen Restaurant in den gewundenen Gassen Neapels befänden.

Hollers Pastinaken-Suppe mit Curry

FÜR 4 PERSONEN

4 große Pastinaken

1 mittelgroße Zwiebel, gehackt

1 Knoblauchzehe, geschält und zerdrückt

Olivenöl

1 EL Currypulver

500 ml Hühnerfond

2 EL Sahne

1 Handvoll Schnittlauch, frisch gehackt

Salz und Pfeffer

1 Handvoll Petersilie, frisch gehackt, zum Garnieren

Mein Vater, Julian Holloway, wird auch liebevoll Hollers gerufen. Er kocht traumhaft gut, und wann immer er dazu ein Rezept verwendet, muss das Ergebnis genauso aussehen wie auf dem Foto. In den Sechzigern war er der Leiter eines Restaurants mit Revue-Unterhaltung in London, und als der Chefkoch das Handtuch warf, übernahm er die Küche, bis sie einen neuen gefunden hatten. Als die Stammkunden herausfanden, dass nicht mehr er ihre Steaks braten würde, kam es zur Meuterei.

Zunächst die Pastinaken schälen und in große Stücke schneiden.

In einem großen Suppentopf Zwiebel und Knoblauch in 1 EL Olivenöl leicht anschwitzen. Das Currypulver hinzufügen und rühren. Den Hühnerfond in den Topf gießen und die Pastinaken dazugeben. Zum Kochen bringen und dann etwa 15–20 Minuten köcheln lassen, bis die Pastinaken weich sind. Mit dem Stabmixer pürieren, Sahne und Schnittlauch hinzufügen. Abschmecken und mit der gehackten Petersilie garniert servieren.

Gegrillte Artischockenherzen mit Parmesan und winterlichen Blattsalaten

Artischocken erinnern mich an tropische Blumen, und sie sind tatsächlich stachlige kleine Wunder. Die winterlichen Blattsalate verbinden sich vorzüglich mit dem angenehm nussigen Geschmack des Parmesans und dem weichen grünen Herz der Artischocke.

Zunächst zu den Artischocken: Man kann sie entweder bereits fertig gegrillt in einem guten Supermarkt oder Feinkostladen kaufen, oder aber man besorgt sich vier Artischocken, kocht sie 20 Minuten lang, löst die Herzen heraus und schiebt sie mit etwas Olivenöl 8 Minuten unter den heißen Grill. Die Entscheidung liegt ganz bei Ihnen.

Salatblätter und Radieschen auf zwei Tellern anrichten. Die Salatsauce aus Zitronensaft, Olivenöl und frischer Minze zubereiten. Artischockenherzen und Parmesan auf die Blätter legen, mit Dressing beträufeln und mit den gerösteten Pinienkernen bestreuen.

FÜR 2 PERSONEN

4 große Artischockenherzen, geviertelt
Gemischter Blattsalat – Chicorée oder Radicchio sind gut geeignet
60 g Radieschen, in dünne Scheiben geschnitten
Ein großes Stück Parmesan, in Späne gehobelt
2 EL Pinienkerne, geröstet

Für das Dressing
Saft von 1 Zitrone
2 EL Olivenöl
1 Handvoll Minze, frisch gehackt

stachlige kleine Wunder mit weichen grünen Herzen

Kastanien-Pilz-Suppe

Diese Suppe erinnert mich immer an Weihnachts-
menüs in Nobelhotels. Vielleicht liegt es am Sherry,
der einen an Damen mit bläulich schimmerndem
Weißhaar in herrlich gepolsterten Sesseln denken
lässt.

Zuerst die Zwiebel im Olivenöl anschwitzen, dann die gehackten Pilze hinzufügen und bei schwacher Hitze einige Minuten
mitbraten. Den Sherry zugießen – es wird Ihnen ein Hauch dieser herrlich altmodischen Süße entgegenschlagen. Mit Salz und
Pfeffer abschmecken. Mit Brühe oder Fond aufgießen und bei
schwacher Hitze weitere 15 Minuten köcheln lassen.

Die Kastanien zur Suppe geben und noch einmal 15 Minuten
garen. Das Ganze ein wenig abkühlen lassen, dann in einen
Mixer gießen und pürieren. In den Topf zurückgießen – wer
will, gibt noch einen Eßlöffel Sahne hinzu. Falls nicht, nur mit
etwas gehackter Petersilie bestreuen, und schon ist die Suppe
fertig.

Anmerkung:
Für Speckliebhaber wäre auch ein Stückchen Speck oder Pancetta
nicht übel, gewürfelt, sehr knusprig gebraten und über die Suppe
gestreut.

FÜR 4 PERSONEN

1 kleine Zwiebel, gehackt
Olivenöl
150 g gemischte Pilze,
   gehackt
1 EL Sherry
Salz und Pfeffer
1 l Gemüsebrühe oder
   Hühnerfond
150–175 g Kastanien aus
   der Dose oder frische
   Kastanien, geröstet
   und geschält
1 EL Sahne (optional)
Frisch gehackte Petersilie
   zum Garnieren

Winter
Abendessen

Naturreis-Risotto mit Kürbis, Mascarpone, Salbei und Mandeln

Naturreis ist nicht das Gleiche wie Arborio-Reis, so dass man eine andere Konsistenz erhält – dieses Risotto ist nussiger und weniger dickflüssig. Allerdings sind Kürbis und Käse dafür da, ihm die Weiche eines Kissens zu verleihen, so dass ihm jener heimelige und köstliche Hauch von Babykost nicht verloren geht. Dieses Rezept erfordert schon ein wenig Zeit und Rührarbeit, aber wenn Sie die aufbringen und eine Freundin und ein Glas Wein dabeihaben, ist das eigentlich gar keine Mühe und sogar meditativ.

In einem Risottotopf Zwiebel und Knoblauch einige Minuten in 1 EL Olivenöl anschwitzen. Den Reis hinzufügen und so lange rühren, bis der Reis gleichmäßig mit Öl bedeckt ist. Die Hitze niedrig halten. Eine Kelle warme Brühe hinzufügen und weiterrühren, bis sie absorbiert ist.

Auf diese Weise etwa 35 Minuten fortfahren: Der Reis saugt die Brühe einfach in sich auf. Abschmecken, und falls die Konsistenz noch nicht weich genug ist, mehr warme Brühe hinzufügen. Naturreis muss fast 40 Minuten garen.

Sobald der Reis weich und suppig ist, das Kürbispüree unterziehen. Dann den Mascarpone zugeben und noch einmal umrühren. Das fertige Risotto mit Salbei und gerösteten Mandelblättchen bestreut servieren.

FÜR 2 PERSONEN

80 g fein gehackte Zwiebel

½ Knoblauchzehe, geschält und fein gehackt

Einige EL Olivenöl

200 g Naturreis

750 ml Gemüsebrühe oder Hühnerfond, erwärmt

125 g gekochter pürierter Kürbis

1 EL Mascarpone

1 EL frischer, fein gehackter Salbei

1 Handvoll geröstete Mandelblättchen

Das Hähnchen-Curry meines Vaters

FÜR 4 PERSONEN

1 große Zwiebel

2 Serrano-Chilischoten
(oder weniger, wenn
Sie es nicht so scharf
mögen), Samen ent-
fernt

2 Knoblauchzehen,
geschält

2 EL frische Ingwer-
wurzel, gerieben

2 EL Olivenöl

2 TL Currypulver

4 Hähnchenbrüste, ent-
häutet und entbeint

Salz und Pfeffer

400 ml fettarme Kokos-
milch aus der Dose

1 Bund Koriander, frisch
gehackt

Hollers ist wieder da! *Er* würde das mit Basmati-Reis und etwas leicht gedämpftem Blumenkohl mit gehackter Minze servieren – und am liebsten Diane Lane, der er recht zugetan ist.

Zwiebel, Chilischoten und Knoblauch fein hacken und mit dem geriebenen Ingwer kurz in Öl anschwitzen. Das Currypulver hinzufügen und kurz rühren. Die Hähnchenbrüste in mundgerechte Stücke schneiden und in den Topf geben. Einige Minuten anbraten und abschmecken.

Die Kokosmilch über das Hähnchen gießen und es bei schwacher Hitze in etwa 20 Minuten gar kochen. Mit dem gehackten Koriander bestreuen.

Dazu mit Minzeblättern gekochten Blumenkohl und Basmati-Reis servieren.

Seeteufel mit Safransauce

Guter alter Safran: Nur ein paar Fäden davon reichen schon, um eine Sauce (und Ihre Finger) knallgelb zu färben. Dieses Gericht erinnert mich immer an altmodische französische Restaurants.

In einer großen Pfanne das Olivenöl erhitzen und die Frühlingszwiebeln/Schalotten 1, 2 Minuten anschwitzen. Den Fisch dazugeben und etwa 3 Minuten von jeder Seite garen. Wein und Zitronensaft dazugießen und abgedeckt weitere 10 Minuten köcheln lassen.

Crème double und Safranfäden zugeben und einige Minuten kochen lassen, bis die Sauce leicht eindickt. Alles abschmecken. Auf Teller heben und mit etwas Petersilie garniert und mit Quinoa oder schönem *al dente* gegartem Brokkoli servieren.

FÜR 2 PERSONEN
2 EL Olivenöl
2 Frühlingszwiebeln, nur den weißen Teil oder Schalotten, gehackt
750 g Seeteufel-Filet
125 ml Weißwein
1 EL Zitronensaft
2 EL Crème double
5 Safranfäden
Salz und Pfeffer
1 kleiner Bund Petersilie, gehackt

Fischpfanne mit Selleriepüree

FÜR 2 PERSONEN
Olivenöl
80 g Zwiebel, gehackt
2 Lauchstangen, nur den
  weißen Teil, gehackt
100 g in Scheiben
  geschnittene Pilze
1 Kabeljau-Filet (etwa
  400 g), in große Stücke
  geschnitten (oder eine
  Mischung aus halb
  Lachs, halb Kabeljau)
175 g rohe geschälte
  Garnelen
375 ml Milch
1 Lorbeerblatt
1 EL Butter
2 EL Mehl
2 EL Petersilie, frisch
  gehackt
1 EL Dill, frisch gehackt
1 Schuss Weißwein
  (optional)

Für das Selleriepüree
2 kleine Sellerieknollen
Etwas Milch
Butter
Salz und Pfeffer

Gebt mir eine Fischpfanne mit Erbsen (am besten Erbspüree), und ich bin wunschlos glücklich. Mmhm.

Als Erstes das Selleriepüree zubereiten. Die Sellerieknollen schälen und in grobe Stücke schneiden, dann weichkochen. Im Mixer mit etwas Milch, einem Stückchen Butter und Salz und Pfeffer pürieren. In einer Schüssel beiseite stellen.

In einer Pfanne 1 EL des Olivenöls erhitzen und Zwiebel und Lauch einige Minuten darin anschwitzen. Auf einem Teller beiseite stellen. In derselben Pfanne die Pilze einige Minuten leicht anbräunen. Zu den Zwiebeln und dem Lauch geben.

Fisch und Garnelen in einen größeren Topf geben, mit Milch bedecken und das Lorbeerblatt dazugeben. Nicht länger als 4 Minuten pochieren. Fisch aus dem Topf heben. Die Milch aufheben, Gräten und Haut entfernen und die Milch in ein Glasgefäß gießen, da sie weiterverwendet wird.

Im selben großen Topf bei schwacher Hitze die Butter zerlassen und vorsichtig das Mehl unterrühren, bis man eine Mehlschwitze erhält. Langsam die zurückbehaltene Milch einrühren. Kräuter, Zwiebel, Lauch, Pilze und den Fisch zugeben. Wer will, kann noch einen Schuss Weißwein hinzufügen. Darauf achten, dass alles bedeckt ist.

Die Mischung in eine Auflaufform gießen, darauf achten, dass alles gut mit Flüssigkeit bedeckt ist, und das Selleriepüree daraufgeben. Wird das Gericht in einem Durchgang zubereitet, muss es jetzt nur noch 10 Minuten in einem auf 180 °C (Umluft 160 °C) vorgeheizten Ofen backen. Wird der vorbereitete Auflauf zwischenzeitlich gekühlt, so benötigt er etwa 30 Minuten Backzeit.

Überbackener Blumen-kohl

FÜR 2 PERSONEN
1 Blumenkohl
100 g geriebener Käse –
    kräftiger, würziger
    Cheddar oder Gruyère
½ TL Senf
Salz und Pfeffer

Für die Béchamelsauce
500 ml Milch
1 Lorbeerblatt
1 Zwiebelscheibe
Einige Pfefferkörner
2 Petersilienstängel
2 EL Butter, eventuell
    etwas mehr
2–3 EL Mehl, eventuell
    etwas mehr

Mehlschwitze – Béchamel – Sauce Mornay!

Den Ofen auf 180 °C (Umluft 160 °C) vorheizen. Zunächst die falsche Béchamelsauce zubereiten. In einem Topf Milch, Lorbeerblatt, Zwiebel, Pfefferkörner und Petersilienstängel zum Kochen bringen. Bei schwacher Hitze 5 Minuten köcheln lassen, vom Herd nehmen und abseihen. Beiseite stellen.

Im selben Topf die Butter auf schwacher Hitze zerlassen und langsam und unter ständigem Rühren das Mehl zugeben. Die Milch angießen und weiterrühren. Sobald das Ganze die richtige Konsistenz hat (das werden Sie sehen und können je nach Bedarf noch Butter oder Mehl hinzufügen), von der Kochstelle nehmen.

Die äußeren Blätter des Blumenkohls entfernen und den Kopf vierteln. Mit Salzwasser in einen Topf geben, Deckel auflegen und etwa 5 Minuten kochen. Den Blumenkohl herausnehmen und in eine Auflaufform legen. Käse und Senf unter die Sauce mischen, abschmecken und über den Blumenkohl gießen. Im Ofen noch etwa 15 Minuten backen, bis der Gratin brutzelt und eine schöne goldbraune Farbe hat.

Buttermilch-Hähnchen mit zerdrückten Süßkartoffeln

Buttermilch kann auch die bockigsten Hähnchenbrüste zart machen. Ich glaube, das war eines der ersten Gerichte, die ich als Kind gekocht habe – ja, so leicht ist es. Süßkartoffeln strotzen vor Vitaminen und Antioxidantien, und Kinder scheinen sie – zerdrückt – für weniger abschreckend zu halten.

Die Hähnchenmarinade zubereiten, indem man Buttermilch, Senf und Honig oder Agavensiurp vermischt. Das Hähnchen mit der Mischung bedecken und über Nacht in den Kühlschrank stellen. Das geht am einfachsten, wenn Sie alles in eine große Plastiktüte geben; auf diese Weise trocknet das Hähnchen nicht aus und ist ganz von der Marinade überzogen.

Die Süßkartoffeln sorgfältig waschen, aber nicht schälen, dann vierteln und in einem Topf mit sprudelndem Wasser in etwa 15 Minuten weichkochen. Aus dem Wasser nehmen und mit einer Gabel und etwas Öl, Salz und Pfeffer grob zerdrücken. Den Grill vorheizen.

Das Hähnchen in einen Bräter legen und etwa 10 Minuten von beiden Seiten braten, bis der austretende Fleischsaft klar bleibt. Auf den zerdrückten Süßkartoffeln servieren.

FÜR 2 PERSONEN

250 ml Buttermilch
½ TL Senfpulver
1 EL Honig oder Agavensirup
2 Hähnchenbrüste, enthäutet und entbeint
2 Süßkartoffeln
1 EL Olivenöl
Salz und Pfeffer

Weihnachten feiern – so gesur

(ohne dass es fad und eintönig wird – wer wollte das auch?)

Ich liebe Weihnachten. Da werde ich wieder kindisch und albern und aufgeregt. Ich liebe die Christmette, ich liebe die Weihnachtslieder, ich liebe die Rede der Königin und die *Railway Children* (dt.: *Jeden Morgen hält derselbe Zug*) im Fernsehen. Ich liebe Schokoladenmünzen und Orangen. Nur wenige Dinge machen mich glücklicher als Weihnachten – solange man von Familienstreit verschont bleibt.

Der zweite Feiertag ist manchmal sogar noch besser als der erste, weil dann der Druck weg ist. Man kann den ganzen Tag im Pyjama verbringen und Reste essen und braucht nicht fröhlich zu lächeln, wenn man eigentlich keine Lust dazu hat. Man muss immer noch nicht arbeiten, und der Abwasch hält sich in Grenzen. Alle sind noch schläfrig und satt vom vorhergehenden Tag, so dass man sie getrost sich selbst oder ihren Geschenken überlassen kann.

Ich hatte immer Angst davor, einen Truthahn zu braten, da so ein Riesenwirbel und ein richtiggehendes Staatsgeheimnis daraus gemacht wurde. Im Grunde ist es gar nicht so schwer – haben Sie keine Angst. Fragen Sie meinetwegen Ihren Fleischer um Rat, aber grundsätzlich benötigt ein kleiner Truthahn etwa

ie möglich

1 Stunde und 45 Minuten, ein mittlerer ungefähr 3 und ein großer an die 4½ Stunden. Während der ersten 30 Minuten sollte
man ihn bei 200 °C (Umluft 180 °C), danach bei 180 °C (Umluft
160 °C) garen und häufig begießen, damit er saftig bleibt. Vorher
wird er natürlich mit Salz und Pfeffer bestreut und mit Butter
eingerieben wie ein Hähnchen. Die britische Fernsehköchin
Nigella Lawson empfiehlt, mit der Brustseite nach unten zu beginnen, und das scheint mir wirklich ein hilfreicher Tipp, da sich
das Fett beim Truthahn vor allem auf den Rücken konzentriert.
So tropft das Fett durch den Vogel nach unten. 40 Minuten, bevor man ihn aus dem Ofen nimmt, muss er dann auf den Rücken
gedreht werden.

Ich schlage Ihnen hier Gemüsegerichte vor, die auf dem Herd
gegart werden, da es je nach Ofen- und Truthahngröße kom-
pliziert werden könnte, wenn man den Platz im Backofen auch
noch mit anderen Gerichten teilen muss. Das Gemüse und das
Maisbrot können Sie auch schon am Vortag zubereiten, das er-
leichtert einiges und Sie ersparen sich diese wahnsinnig schweiß-
treibende Koch-Hektik.

Maisbrot-Füllung

FÜR 6 PERSONEN

Sonnenblumenöl

175 ml Buttermilch

2 Eier

115 g pürierte Süßkartof-
fel

150 g Maismehl

115 g Dinkelmehl

1 EL Backpulver

2 EL Rohrzucker

1 kräftige Prise Meersalz

Für die Füllung

1 Ei, verschlagen, zum
Binden

1 gute Handvoll Cran-
berrys, getrocknet oder
tiefgekühlt

2 EL Orangensaft

1 Prise frisch geriebene
Muskatnuss

Den Ofen auf 190 °C (Umluft 170 °C) vorheizen. Eine Backform
von etwa 20 cm Durchmesser mit etwas Sonnenblumenöl einfetten. In einer großen Schüssel Buttermilch, Eier und pürierte
Süßkartoffel vermischen. Die trockenen Zutaten daraufsieben und
behutsam unterrühren. In die Backform gießen und 25 Minuten
backen.

Angenommen, Sie machen das am Vortag, so können Sie ruhig
schon einen Teil des Maisbrots essen. Für die Truthahn-Füllung
gut 100 g davon zerkrümeln und mit dem verschlagenen Ei,
einer Handvoll Cranberrys, dem Orangensaft und einer Prise
Muskatnuss vermischen. Kräftig vermengen und in das Hals-
ende des gewaschenen Truthahns stopfen.

Weihnachtlicher Rotkohl

Den Ofen auf 150 °C (Umluft 130 °C) vorheizen. Den Rotkohl vorbereiten: Alle äußeren Blätter und den Strunk entfernen und dann hobeln – wer will, kann dies auch mit der Küchenmaschine erledigen. In einem großen Topf (ich verwende dazu einen großen alten Le Creuset) die Zutaten folgendermaßen schichten: Rotkohl, Zwiebel, Apfel, Salz und Pfeffer – und immer wieder etwas Knoblauch, Kümmel und Rohrzucker zwischen die Schichten streuen. Fortfahren, bis alle Zutaten aufgebraucht sind. Essig, Apfelwein, einen Spritzer Portwein und Butter darübergießen. Deckel auflegen und etwa 3 Stunden im Ofen garen.

Der Rotkohl ist kinderleicht aufzuwärmen, machen Sie ihn daher am Vortag, da er sich auf diese Weise auch besser setzen und durchziehen kann.

900 g Rotkohl

450 g Zwiebeln, in dünne Scheiben
    geschnitten

450 g Äpfel, geschält, Kernhaus entfernt
    und in dicke Scheiben geschnitten

Salz und Pfeffer

2 Knoblauchzehen, geschält und fein
    gehackt

2 EL Kümmelkörner

3 EL Rohrzucker

3 EL Weißwein- oder Apfelessig

4 EL Apfelwein

1 Schuss Portwein

2 EL Butter

Kohlrübenpüree

Die Kohlrüben schälen und in grobe Stücke zerschneiden. Etwa 20 Minuten kochen. Abgießen und mit etwas Milch, einem Stück Butter und etwas Salz und Pfeffer in die Küchenmaschine geben. Pürieren. In eine hübsche Auflaufform füllen und sofort servieren. Wird das Püree schon am Vorabend zubereitet, die Form etwa 30 Minuten vor dem Servieren in den auf 170 °C (Umluft 150 °C) vorgeheizten Backofen schieben.

900 g Kohlrüben

Milch

Butter

Salz und Pfeffer

Erster Weihnachtsfeiertag ...

Angenommen, Sie bewirten sechs Leute, und das Mittagessen findet um 13 Uhr statt, so sollten Sie Ihren gefüllten Truthahn etwa gegen Viertel vor 11 in den auf 200 °C (Umluft 180 °C) vorgeheizten Ofen schieben. Bei dieser Temperatur wird er dann 30 Minuten lang gegart, anschließend drehen Sie die Temperatur auf 180 °C (Umluft 160 °C) herunter und braten ihn noch weitere 2 Stunden. Den Tisch decken, hin und wieder den Truthahn kontrollieren und, wenn nötig, mit Fleischsaft begießen. Als Gemüsebeilage können Sie zum Beispiel Rosenkohl kochen und gegen Ende der Garzeit Kastanien aus der Dose und Butter hinzufügen, oder aber grüne Bohnen garen und mit Mandelblättchen servieren – was immer Sie wünschen.

Zum Nachtisch würde ich den Schokoladen-Kastanien-Soufflé-Kuchen aus dem Dessert-Kapitel (Seite 280) empfehlen und ihn mit Schlagsahne und einem kräftigen Schuss Rum servieren. Schließlich ist Weihnachten.

Frühling

Das New York meiner Jugenderinnerungen hielt mich noch immer in seinem Bann. Warum es also nicht wiederentdecken? Warum nicht die Zelte abbrechen, einen Koffer packen und aus purer Abenteuerlust wieder hinziehen? Von keiner Verantwortung belastet – außer, dass ich einen Job brauchte –, schien mir einundzwanzig als das absolut beste Alter dafür. Obwohl ich im Herbst 1999 in New York ankam, war es deshalb eine Art Frühling für mich: ein Aufblühen und ein totaler Neuanfang.

In New York, auf einem Dach in der Lower West Side, feierte ich meinen zweiundzwanzigsten Geburtstag, tanzte zu Donna Summer in einer schwarzen Ballrobe aus Spitze, die ich mir am Tag zuvor bei Modeaufnahmen ausgeliehen hatte. Um Mitternacht spielte ich dann Aschenputtel, riss mir das Kleid vom Leib und vertauschte es gegen ein Paar Jeans, um es dem freundlichen Stylisten zurückzugeben, der um sechs Uhr früh nach London zurückflog. In halsbrecherischen Pumps schlängelte ich mich über die Fifth Avenue, rannte ins Four Seasons Hotel und überreichte das noch warme Bündel Spitze dem schläfrigen Portier.

Drei meiner Freundinnen waren in diesem Sommer zum Arbeiten nach New York gezogen. Im Juli besuchte ich sie in ihren puppenhausartigen Mini-Appartements, war total verliebt in die prickelnde Energie der Stadt – und fand es großartig, dass es dort an jeder Ecke ein Nagelstudio gab. Nach meiner öffentlichen folgenschweren Feuertaufe in England war es die pure Wonne für mich, in dieser brodelnden, anonymen Stadt unterzutauchen. Eine berühmte New Yorker Modelagentur alter Schule hatte mich unter Vertrag genommen, doch abgesehen davon hatte ich keinen Alternativplan, nur großartige Flausen davon, in Tennessee-Williams-Stücken zu »sein«. Das Spielen an sich (und die Tatsache, dass ich diesbezüglich unbrauchbar war) kam in der Fantasie nicht vor. Mir ging es eher um den Busen und die gut gepolsterten Formen von Elizabeth Taylor als *Maggie the Cat*, Lilien in meiner Garderobe, die mit chinesischer Seide bespannt sein würde, und um einen

Richard-Burton-Typ, der mir Makronen und Liebesgedichte kredenzte.

Ich weiß, ich weiß. *Peinlich.* Aber ich war schließlich jung.

Die Vorstellung, mich mit derartiger Unbekümmertheit (und so wenig Planung) auf so etwas einzulassen, würde mir heute ernsthafte Kopfschmerzen bereiten, doch damals schien es mir kinderleicht. Ich vermietete einfach mein Haus in England, verabschiedete mich von den Angestellten des Thai-Imbisses, kaufte ein einfaches Flugticket – und weg war ich.

Ich zog in die Wohnung eines Freundes an einer von Bäumen gesäumten Straße im West Village, die nur über eine klitzekleine Küche verfügte. Ich gestehe beschämt, dass dort nicht viel gekocht wurde. Ich glaube, in der Backröhre bewahrte er sogar seine guten Schuhe auf.

New York war ein großartiger Ort, um jung und neugierig zu sein.

Mit einem Koffer voller schwarzer Klamotten und ohne ein einziges Paar flacher Schuhe traf ich ein. Denn ich dachte, um in New York zu leben, sollte ich auf hohen Absätzen und in makelloses Schwarz gekleidet erscheinen – eine Art lebende Donna-Karan-Reklame. Das war ein Riesenfehler. Ich verdarb mir die Füße, da ich wegen meiner geradezu klaustrophobischen Angst vor der U-Bahn (von der ich seither kuriert bin) wie eine zerrupfte humpelnde Krähe in brutal hohen, zehenfreien Stilettos Block um Block zurücklegte. Schließlich gab ich mich geschlagen und humpelte, so schnell ich konnte, zum nächsten Foot-Locker, um mir ein Paar bequeme Flipflops und ein vernünftiges Paar Turnschuhe zu kaufen.

In meiner neuen Agentur versuchten sie immer wieder mal, sich ernsthaft mit mir zu unterhalten. Ob ich denn nun in die Plusgrößen-Sparte wolle, wo ich, wie sie mir versicherten, stinkreich werden würde und mir jedes Titelblatt von *Mode* krallen könnte. Nein, erwiderte ich unschlüssig, eigentlich wolle ich in gar keine bestimmte Sparte.

»Aber Sie sind einfach nicht schlank genug für die regulären Damengrößen, und für unsere Plus-Größen reicht es dann auch wieder nicht«, meinten sie.

»Nun, dann werde ich mich eben als kurviges Fragezeichen im Niemandsland rumtreiben, und falls mich irgendjemand buchen will, nur zu«, versetzte ich. Wir führten solche Gespräche in einem erstaunlichen italienischen Restaurant namens Il Cantinori, während ich einen mit Parmesan bestäubten Teller Bohneneintopf vor mir stehen hatte.

Bei den Castings wirkten die anderen Models und die Kunden höflich, aber ratlos. Ganz in Schwarz saß ich neben Mädchen, die wie gestriegelte magere Gymkhana-Ponys aussahen, vorn wie hinten völlig flach, straffe Bäuche, die bronzefarben in Hüftjeans schimmerten, Brüste wie Bienenstiche, lediglich eine Andeutung unter den engen BH-losen T-Shirts. Die Kunden waren im Großen und Ganzen nett, musterten mich jedoch wie eine Kuriosität und blätterten nur flüchtig in meiner Mappe.

Ich war offenbar weder Fisch noch Fleisch und konnte beim besten Willen keinen Job finden.

Aber ich entdeckte die Stadt; ihre verborgenen Ecken, den gewundenen Weg entlang des East Rivers, die Botanischen Gärten in Brooklyn (die gut gegen Heimweh waren) und das Tee-und-Sympathie-Restaurant auf der Greenwich Avenue (das genau das bot, was sein Name versprach).

Ich entdeckte begeistert den Bringdienst New Yorker Restaurants, bei dem man sich telefonisch Essen aus allen Teilen der Welt bestellen konnte, das fünfzehn Minuten später über die Türschwelle geschwebt kam: Japanisch, Marokkanisch, Äthiopisch, Indisch, Pizza, die einem den Verstand raubte. Eine derart prompte Befriedigung war sehr gefährlich für einen neugierigen Schlemmer wie mich! Aber noch lief ich entschlossen überallhin zu Fuß.

An New York liebe ich, dass man sich in seinem lauten Meer von Menschen völlig verlieren kann. Es ist ein kurzlebiger Ort, an dem ohne Unterlass Kreativität, Jugend und Schönheit umgeschlagen werden. Es war großartig, um jung und neugierig zu sein. Ich zog noch vor dem heute in sämtlichen Nachtklubs und Bars üblichen *bottle service* dorthin – bei dem die einzige Möglichkeit, einen Tisch zu ergattern, darin besteht, eine Flasche Wein zu bestellen. Damals brauchte man nicht unbedingt Geld, um in einen Klub hineinzukommen. An jedem Spätsommerabend konnte man sich in irgendeiner Spelunke neben einem schönen Dichter, einem Filmstar, einem einsilbigen Künstler, einem Musiker, einem Andy-Warhol-Geschöpf oder dem Mädchen von der Titelseite der aktuellen *Vogue* wiederfinden. Wegen dieser unbändigen Spontaneität, dieses Gefühls, dass absolut alles passieren konnte, wenn man es nur geschehen ließ, machte es so viel Spaß, dort zu leben.

Eines Abends im November war ich auf einer todschicken Madison-Avenue-Party für einen Designer eingeladen. Ich trug Schwarz, womit ich diesmal genau richtig lag. Der DJ spielte altmodischen

Rock 'n' Roll: die Ramones, die Stones, The Clash. Ich tanzte aus-
gelassen mit einer Gruppe androgyner Schönlinge; es war eine dieser Nächte, in denen ein Zauber wirkt und alles wunderbar und
stimmig ist.

»Kennst du Steven Meisel eigentlich schon?« Die Starvisagistin
Pat McGrath, die ich aus jenen frühen Tagen in London kannte,
tippte mich an.

»Nein«, sagte ich.

»Er ist da drüben und würde dich gern kennen lernen.«

Mit dem Wort »Ikone« wird in der Modebranche zwar recht
verschwenderisch umgegangen, aber Steven Meisel ist wirklich der
einzig Wahre. Er ist ein ganz außergewöhnlicher Fotograf; ver-
antwortlich für einige der unvergesslichsten Bilder, die in den letzten zwanzig Jahren gemacht worden sind. Seine Arbeit ändert sich
ständig, entwickelt sich, ist nie langweilig. Seine Foto-Sessions
Anfang der Neunziger mit Linda Evangelista, Kate Moss, Naomi
Campbell und Christy Turlington haben den Zeitgeist jenes Jahr-
zehnts bestimmt und dabei Superstars geschaffen. Achtzehn Jahre
später produziert er immer noch die Art von Kunst, bei der andere
Leute sich fragen, warum sie es überhaupt je versucht haben. Seine
Titelbilder für die italienische *Vogue* sind schon an sich Kunstwerke
und markieren meistens einen Wendepunkt in der Karriere des jeweils abgebildeten Mädchens. Und da stand er – mit langen schwarzen Haaren und schönem gelassenem Gesicht.

»Hallo«, sagte er.

Wir plauderten nur ganz kurz, und ich ging wieder tanzen.
Schön, dachte ich, das war interessant. Es schien mir nur noch ein
weiterer dieser flüchtigen schönen Augenblicke zu sein, gerade angemessen für eine solche Nacht.

Einige Tage später rief meine Agentur an. Sie überschlugen sich
fast vor Begeisterung.

»Sie sind für Indien gebucht, kurz vor Weihnachten für das
W-Magazin, Fotoaufnahmen in Goa mit Tim Walker.«

Ich überlegte mir, was es wohl in Indien zum Frühstück geben
mochte, und war auf einmal entsetzlich aufgeregt.

Tim Walker war ebenfalls eine Wohltat, ein absolut origineller,
liebenswürdiger, brillanter Engländer. Seine Shoots beginnen in
seinen Notizbüchern, die sich wie *Alice im Wunderland* lesen. Er fotografiert alles mit einer Versponnenheit und einem Zauber, die
für mich genau wiedergeben, was Mode sein sollte: fantastisch,

kurios, respektlos und amüsant, dabei unglaublich schön und elegant.

Wir verbrachten zehn Tage in Indien und aßen uns dumm und dämlich: Dosas, Lassis, Kokosnussmilch-Currys. Es war berauschend und aufregend, in Wiesen voller Ringelblumen und zerfallenden Marmorpalästen in Goa fotografiert zu werden, in Wolken von Tüll durch leere hallende Ballsäle voller rosafarbener Ballons zu tanzen, in einem scharlachroten Norma-Kamali-Badeanzug wie ein Vargas-Mädchen bei Sonnenuntergang am Strand zu posieren, gefolgt von einem Glas des dortigen Fusels, der einem wie Feuer in der Kehle brannte und einem die Tränen in die Augen trieb.

Am Tag vor unserer Rückreise nach New York wurde ich an den Rezeptionsschalter des Hotels gerufen, auf dem das einzige Telefon stand. Die Freude meiner Agentin wurde durch das transatlantische Echo noch vervielfacht.

»Eben hat Steven Meisel Sie für ein Titelbild auf der italienischen *Vogue* gebucht!«

Kuba riecht wie die Erde nach dem Regen.

Die Weihnachtsfeiertage verbrachte ich damit, Unmengen zu kochen, war dann zum Jahrtausendwechsel glücklich allein und wanderte einen öden, windgepeitschten Strand in Martha's Vineyard entlang. Die Aufnahmen für die italienische *Vogue* machten wir in der ersten Januarwoche in einem Hip-Hop-Club im New Yorker Stadtteil Chelsea. Das war Filmstar-Glamour vom Feinsten – kostbare Turbane, die wie Edelsteine glänzten, und pfauenfederfarbene Augen. Die Kleider passten perfekt. Im Rückblick glaube ich, dass sie alle eigens für mich angefertigt worden waren, denn ich hatte ja nun wirklich keine Konfektionsgröße.

Ich werde für diesen Anstoß meiner Karriere immer Dankbarkeit empfinden, auch den Menschen dankbar sein, mit denen zu arbeiten ich das Privileg hatte. Es gab keinen Zirkus, keine Kommentare oder Entschuldigungen wegen meiner Figur.

Und ich selber durfte ganz einfach nur sein, wie ich war. Es war eine wunderbare Erfahrung, eine Ausbildung durch Reisen und Abenteuer, eine Lehre in Diplomatie und Umgangsformen. Man behandelte mich mit großer Höflichkeit und Wärme, und wenn es – selten genug – einmal nicht so war, rief ich mir einfach ins Gedächtnis, dass ich mit dieser Person ja nie wieder arbeiten musste. Die Kunst und Kreativität, die ich damals erleben durfte, war herrlich und grenzenlos. Und erfüllte wiederum mich mit ungeheurem Selbstvertrauen und mit Neugier. Es ist so leicht, das Modeln gering zu schätzen oder gar zu verdammen, doch obwohl es ein überaus verfänglicher Weg sein kann, würde ich die dadurch gewonnene Erfahrung um nichts in der Welt missen wollen.

Im Jahr 2000 stieg ich etwa dreimal die Woche ins Flugzeug. Ich fand es herrlich, in Paris aufzuwachen, auf dem Weg zum Flughafen bei einer Bäckerei vorbeizuschauen und die Croissants dann zum Frühstück servieren zu können, wenn am nächsten Morgen die Sonne über New York aufging. Oder ich verließ die Stadt in der Nacht auf der inzwischen vertrauten Strecke zum Kennedy-Flughafen, die Gotham-Skyline schimmerte wie in einem Comicheft, und konnte um die Mittagszeit des nächsten Tages hinter einer Steinmauer versteckt in einem Innenhof an der Amalfiküste sitzen und Burrata und saftige Strauchtomaten essen.

Bloß gut, dass damals der Zoll meine Taschen nicht durchsuchte – denn die waren brechend voll mit Lebensmitteln und Gewürzen. In Griechenland aß ich frisches Brot, das mit Seeigelrogen, rauchigem Olivenöl und Zitronensaft bestrichen war. In Mumbai den besten Milchreis, gewürzt mit Kardamom und Rosenwasser. In Mailand war es eine schlichte Gemüsesuppe, noch immer erinnere ich mich an ihren milden, tröstlichen Geschmack. Kokossauce in Jamaika, Muschel-Ceviche auf Harbour Island – alle Orte, die ich besuchte, werden nach Geschmäckern und Gerüchen kategorisiert und erinnert. Kuba riecht wie die Erde nach dem Regen, wie Rohbenzin und überreifes Obst. Sein Geschmack sind Kochbananen, Reis und Bohnen – die man nirgends ohne Schweineschwarte findet – und bitterer Tee. Amerika schmeckt wie Tropicana-Orangensaft, Melasse und Bagels. Die Ostküste riecht nach Downy-Waschpulver und Brezeln, die Westküste nach Jasmin und ausgedörrtem Holz.

Jedes Mal, wenn ich wieder zu Hause gelandet war, freute ich mich aufs Kochen. (Ich war aus der Wohnung im West Village in eine eigene gezogen.) Den Sommer verbrachte ich größtenteils außerhalb von New York, wo ich für Freunde Teller voller schwedischer Hackfleischbällchen briet (von denen ich selbst lieber die Finger ließ). Nach zwanzig Jahren bin ich immer noch Halbvegetarierin. Ich esse Fisch, aber nur wenig anderes Fleisch, brate jedoch gern freilaufende Bio-Hähnchen, Rind oder Lamm, solange ich weiß, wo die Tiere herkommen. Bei Kalbfleisch und *foie gras* ziehe ich die Grenze, die Notwendigkeit solch erbärmlicher Grausamkeit kann ich einfach nicht nachvollziehen.

In diesem Sommer schaffte ich mir auch eine ganze Batterie von Le-Creuset-Töpfen an, die ich bis zum heutigen Tag besitze, eine geniale KitchenAid-Küchenmaschine und einen Bunsenbrenner, damit ich meine eigene Crème brûlée karamellisieren konnte. Ich kochte in großzügigen Mengen und ritt ab und zu eine prachtvolle, langsame Stute durch die vor Stechmücken wimmelnden Wälder um Woodstock. Den Sport hatte ich immer noch nicht vollständig wiederentdeckt, doch das ständige Hin- und Herreisen hielt mich halbwegs fit. Schon immer neige ich zum Essen, wenn ich nicht genügend zu tun habe oder mich langweile, und statte dann gern dem Gefrierschrank alle zehn Minuten einen Besuch ab, um gedankenlos etwas Eis zu löffeln. Das tat ich auch jetzt, und dementsprechend fröhlich hüpfte mein Gewicht auf und ab. Mir wurde klar, dass ein Gefrierschrank voller Sorbet wohl die beste Vorbeugemaßnahme war, denn von dunklem Schokoladeneis konnte ich eine ganze Packung ohne weiteres in etwa dreißig Minuten verdrücken.

Es war wieder Frühling, aber vielleicht ein, zwei Jahre später, als ich mich von meinem ersten richtigen, sprich erwachsenen, Freund trennte und alle die Dinge tat, die man bei Trennungen so eben tut: Ich rauchte Hunderte Zigaretten, heulte, bis ich kaum mehr aus den Augen gucken konnte, und verlor sieben »neurotische« Kilo. Manche Leute werden dick, wenn es ihnen schlecht geht, was mit Sicherheit auch auf mein Teenager-Ich zutraf, aber lassen Sie mich heute eine Woche Extremstress oder schlimmen Kummer haben, und Sie können zusehen, wie ich verschwinde. Wenn ich traurig bin, kann ich gar nicht mehr essen, ich will nur noch Suppe oder leicht zu schluckende Babynahrung und vor allem Gummibärchen. Ich liebe Gummibärchen, wenn ich traurig bin. Diese weichen kleinen Zuckerdinger in Primärfarben haben etwas an sich, von dem ich gar nicht genug kriegen kann. Zum Glück bin ich nicht oft traurig, denn sonst wäre das Leben trostlos, und ich hätte keinen Zahn mehr im Mund.

Nach der Trennung von meinem Freund machte ich noch so was Trennungstypisches: Ich ging ins Fitnessstudio, weil ich viel sexier sein wollte als er, boxte, während im Hintergrund Public Enemy tobte, machte Pilates, machte Yoga. Ich liebte Yoga und liebe es bis heute. Ich mag seine Sachlichkeit und dass man sich sowohl seines Atems als auch jedes einzelnen Muskels in seinem Körper bewusst sein muss. Ich hasse dieses trendige Angeber-Yoga, wo perfekt frisierte Menschen so tun, als ob sie in sich ruhen würden, während sie in Wirklichkeit mit einer irrwitzigen Feindseligkeit darum konkurrieren, wer die bravouröseste Kobrastellung schafft oder sich am schnellsten die Fußknöchel um den Hals wickeln kann. Auch dieses eigenartige Schwitzyoga ist mir ein Rätsel, bei dem der Raum völlig überheizt wird und jedermanns Schweiß auf einen heruntertropft, während man das Universum in sich aufnimmt – und die Tatsache, dass man sich in einer menschlichen Petrischale voller Keime befindet. Schon ein bisschen abstoßend und unhygienisch, finde ich.

Yoga zu praktizieren machte mich ruhiger und schlanker. Durch Yoga begann ich, mich mit alternativer Medizin und Ernährung zu beschäftigen, mit Makrobiotik zum Beispiel, die ich prinzipiell zwar immer noch toll finde, aber vielleicht ein wenig zu komplex, um sie in unseren Alltag zu integrieren, und Saftfasten, mit dem es mir genauso geht.

Meine alternative Phase, etwa um 2004, beinhaltete auch einen Flirt mit der Rohkost-Ernährung, der unter meinen Freunden große Heiterkeit auslöste.

Ich lebte immer noch in Manhattan und fand mich eines Tages wegen einer Freundin, die zu einer eifrigen Rohköstlerin geworden war, in der Praxis eines etwas ungewöhnlichen Arztes wieder – eines Mannes, der in seinen Predigten über die Vorzüge der Rohkosternährung fast evangelikale Züge an den Tag legte. Der Rohkostdoktor war auf seltsame Weise faszinierend. Indem er mein Handgelenk umfasste, konnte er mir nicht nur sagen, in welchem Jahr meine Mandeln entfernt worden waren, sondern nannte mir auch all die kleineren Wehwehchen, unter denen ich litt. Er lag genau richtig. Und zwar genau so lange, bis er mir etwas vom gesundheitlichen Nutzen zuflüsterte, den das Trinken meines eigenen Urins mit sich brächte.

»Schluss damit!«, sagte ich. »Bis hierhin und nicht weiter.«

»Ja, manche Leute sind diesbezüglich ein bisschen komisch.« Er errötete.

Abgesehen vom Urin-Trinken (Warum?! Warum?!) klammerte ich mich wie eine Klette an seine Lehre und verstimmte so Freunde und Bekannte. Besonders mein damaliger Freund litt unter meinem Widerstreben gegen jede Essenseinladung, der Ablehnung jeder liebevoll angebotenen Tasse Tee. Der Rohkostdoktor prophezeite mir, dass meine Freunde womöglich versuchen würden, meinen neuen Lebensstil zu sabotieren, und hatte damit absolut Recht.

Wenn ich traurig bin, will ich nur noch Gummibärchen.

Ich traktierte sie mit Irisch-Moos-Mousse und Hijiki-Meergemüse-Aufläufen, was mit schrillen Entrüstungsschreien kommentiert wurde. Ich füllte den ganzen Kühlschrank mit Nussmilch – mein Exfreund war allergisch gegen Nüsse. Sein Blick bezichtigte mich des Verrats, wann immer er nach einer Cola light griff.

Während meiner Rohkostdiät strahlte meine Haut wie die einer vergoldeten Göttin, und meine Augen bekamen einen leicht überirdischen Glanz. Hüften und Hintern jedoch schwollen mit beunruhigender Geschwindigkeit an, und ich begann auffallend einer Birne zu ähneln. Eine Birne in etwas engen Klamotten, eine Birne voller Angst, doch immerhin eine Birne mit verdammt guter Haut. Für meine Haut interessierte ich mich aber nicht. Ich war ernstlich verzweifelt.

»Ich verstehe das einfach nicht.« In niedrigen Sesseln saßen der gute Doktor und ich in seiner schmuddligen Praxis.

Traurig tätschelte ich meine üppige Hüftpartie. »Ich dachte, das alles sollte eigentlich gut für mich sein. Und nicht dick machen. Sie haben doch gesagt, es macht nicht dick.« Ich betrachtete ihn mit zusammengekniffenen Augen.

»Wie viel genau haben Sie denn gegessen?«, fragte er mit vorsichtig gezücktem Stift.

Ich beschloss, durch eine Beichte Absolution zu erlangen. Ich erzählte ihm von den Wonnen, die im cremigen Schoß rohen ungebackenen Käsekuchens, in samtenen Stückchen Schokolade aus unbehandelten Kakaobohnen und in verlockendem Mandelpudding – rein und roh – zu finden waren. Ich wollte die Freude mit ihm teilen, die mir die großen seidigen Smoothies bereiteten, die ich aus Nussmilch, Tassen rohen Honigs und einer Fülle amazonischer Beeren in den Farben des Regenbogens mixte.

Unter dem Deckmantel der Tugend hatte ich Unmengen an rohen Lebensmitteln in mich hineingeschaufelt und schamlos vorgegeben, dass derartige Mengen von Nüssen und Avocados, mit Honig begossen und mit Datteln garniert, »gut für mich« seien, solange das alles nur roh war.

Der Doktor wirkte bestürzt über meine Beichte, als ob ich ihn enttäuscht hätte. Er seufzte und senkte verschwörerisch die Stimme, als müsse er eine bedeutsame Wahrheit aussprechen.

»Gastwirte sind Fresssäcke«, begann er. »Rechtsanwälte sind Fresssäcke. Sogar die meisten Ärzte sind Fresssäcke, so ist das nun mal.«

Ein drückendes Schweigen folgte. Sein nächster Satz war scharf wie ein Fleischermesser. Ich riss die Augen auf.

»Spirituelle Menschen sind keine Fresssäcke. Sie interessieren sich einfach nicht so fürs Essen.«

Ich fühlte mich wie eine gierige, unspirituelle Abweichlerin, bezahlte ihm 200 Dollar und ging nach Hause zu einem Kühlschrank, der unter dickmachenden, rohen, für meinen Freund potenziell lebensbedrohlichen Lebensmitteln nur so ächzte. Ich rauchte eine Zigarette und trank eine sehr unrohe Tasse Kaffee, die mir wie eine Adrenalin-Spritze ins Gehirn schoss.

Mein Rohkost-Abenteuer war – zur großen Erleichterung aller, die mich kannten – nur von kurzer Dauer. Es war einfach unglaublich zeitaufwändig, und selbst im Rohkost-Imbiss brauchte man Stunden, um einen Smoothie zu bekommen. Sie schwebten unkoordiniert dahin und bewegten sich, als wateten sie durch Treibsand. Ein Teller Kartoffelpüree, dachte ich, würde sie sicher nicht überfordern und sie ein bisschen erden. Doch sie brauchten allein zehn Minuten, nur um eine Frage zu beantworten. Es machte mich rasend. Mein Bruder ging gern mit mir hin, nur um mir dabei zuzusehen, wie ich immer ärgerlicher wurde, während Fremde versuchten, meine Energiezentren zu ertasten, und mein Smoothie langsam Staub ansetzte, weil die Person, die ihn mixte, es vergessen hatte und auf der Suche nach ein paar Nüssen davongeschlendert war.

Mein Rohkost-Abenteuer war – zur großen Erleichterung aller, die mich kannten – nur von kurzer Dauer.

Ich musste mir eingestehen, dass ich einfach nicht geduldig genug war, ich war gefräßig und stolz, und mehr war dazu nicht zu sagen. Mein Bruder trauert meiner Irisch-Moos-Mousse noch heute nach.

Überhaupt begonnen hatte die Rohkostgeschichte aber wegen etwas, das im Jahr zuvor in Indien geschehen war. Ich reiste 2003 dorthin, um einen Film zu drehen. Wie schon erwähnt, kann ich seitdem playback Hindi singen und gleichzeitig mit Glöckchen an den Füßen tanzen (was sich womöglich eines Tages noch als nützlich erweisen wird), doch abgesehen davon war es eine eher unglückselige Erfahrung. Aber oh, oh, oh, der Masala-Chai zur Teezeit, die sirupsüßen Rasmalai, die knusprigen Dosas. Die Abendessen in Privathäusern, die aus so vielen vollkommenen Dingen bestanden. Allein der Safranreis mit Mandelsplittern und Kardamom oder die Uttapam-Pfannkuchen mit Tomatensauce zum Frühstück.

Ich war schon oft in Indien gewesen – und niemals krank geworden, doch während meiner letzten Woche dort wurde ich es. Ich flog nach London, wo man eine falsche Diagnose stellte, und wurde noch kränker, weil ich die falschen Antibiotika bekam. Ich nahm sehr schnell sehr viel ab. Und nachdem ich eine dreimonatige Behandlung mit K.-o.-Antibiotika hinter mir hatte, fing ich mir als Nächstes eine höchst widerwärtige bakterielle Infektion namens *C. difficile* ein. Die ist bei Menschen mit geschwächtem Immunsystem, die über lange Zeit mit Antibiotika behandelt wurden, recht verbreitet und unendlich viel schlimmer als das ursprüngliche Leiden. Damit nicht genug ist das Einzige, was hilft, dasselbe, was es auch verursacht: nämlich noch mehr Antibiotika. Ich sah aus und fühlte mich wie ein Gespenst. (Trotzdem wurde meine Leidenschaft für indisches Essen durch die Krankheit keineswegs gemindert, sie kehrte höchstens ab dem Augenblick, wo es mir etwas besser ging, umso stärker zurück.)

Im Fond eines Londoner Taxis sitzend, bekam ich nun gesprächsweise vorgeworfen: »Als Sie dick waren, haben Sie mir viel besser gefallen.«

»Ja, ja, ich weiß, ich hab mir dick auch viel besser gefallen. Könnten Sie mich jetzt bitte zur Waterloo Station bringen?«

Ich fühlte mich – derart mager – kein bisschen sexy, sondern müde und elend, unweiblich und hässlich. Es dauerte fast anderthalb Jahre, bis ich (ungeachtet meines kurzen Ausflugs ins Rohköstlertum) wieder richtig auf die Beine kam, und ich musste mich streng nach Diät ernähren. Der Arzt hatte mir damals gesagt, Molkereiprodukte, Zucker und Weizen, alles Dinge, die einem gestressten, geschundenen Magen noch mehr zusetzen konnten, müsse ich vorerst meiden. Falls diese Sache irgendetwas Positives hatte, dann, dass ich mein Tempo drosselte und all die Dinge kochen lernte, die ich noch essen konnte, ohne eine neuerliche Entzündung zu riskieren.

Ich kochte köstlichen Milchreis mit Zitronenschale und Reismilch, ersetzte den Zucker durch Agavensirup, einen auch für Diabetiker geeigneten Sirup, der aus einer Kaktuspflanze gewonnen wird und wie milder Honig schmeckt. Das gab es dann kalt zum Frühstück. Ich aß eine Menge Schonkost, Suppen und Schmorgerichte, Süßkartoffelpüree, Apfelmus mit Zimt, langsam gegarte Haferflocken.

Die scheußlichen Monate der Krankheit boten mir aber schließlich auch eine Chance, nämlich damit aufzuhören, mich wie ein

Stehaufmännchen zu verhalten, und Essen nicht nur als Nahrung, sondern auch als Medizin begreifen zu lernen und mich wirklich um Ausgewogenheit zu bemühen. Ich konnte mich nicht mehr überfressen, eine Mahlzeit ausfallen lassen oder auf meinen Schlaf verzichten. Tat ich es doch, wurde ich von Magenschmerzen und Ohnmachten geplagt oder fing mir jeden Bazillus ein, der gerade die Runde machte. So schlimm das alles auch war, ich lernte eine Menge dabei. Ich hörte auf, launisch oder nachlässig mit meinem Körper umzugehen. Ich war überaus dankbar für seine Gesundheit. Und ich versuchte, all die Dinge, die ich in dieser Zeit lernte, in mein Leben zu integrieren. Statt in ein Extrem zu verfallen, verband ich Elemente verschiedener Ernährungsweisen so miteinander, dass sie sich in meinen Alltag einbauen ließen.

Das konnte einen Saft aus Ingwer, Birnen und Äpfeln beim Aufwachen bedeuten und Porridge mit Reismilch und einer geschnittenen Banane einige Stunden später. Das Mittagessen war vielleicht eine einfache pürierte Gemüsesuppe oder auch ein Salat mit hartgekochten Eiern und Schafskäse. Zum Abendessen gab es Fisch mit etwas Naturreis und Gemüse. Um Bewegung zu haben, machte ich sanftes Yoga vor der Arbeit oder einen Spaziergang danach. So brachte ich meine Gesundheit und meinen Körper nach und nach in einen gelassenen Rhythmus.

Und genau darum geht es, um den Rhythmus. Man muss nicht unbedingt krank werden, um ihn zu finden. Denken Sie doch nur an den Tagesablauf eines Kindes. Man würde ein Kind nicht ohne Frühstück zur Schule schicken, würde ihm nicht sagen, es solle zum Mittagessen eine Cola light trinken und einen Eiweißriegel essen, weil man keine Zeit hat, ihm etwas zu kochen. Nein, Sie würden Ihrem Kind ein ausgewogenes Frühstück servieren, würden dafür sorgen, dass es etwas für die Pause mitnimmt, ihm der Ausgewogenheit zuliebe auch einen Apfel oder eine Banane zustecken. Und zum Abendessen gäbe es, egal wie groß die Eiweißmenge wäre, auch immer etwas Stärkehaltiges. Und es würde natürlich auch Süßigkeiten bekommen. Sie würden Ihr Kind nicht in den Bauch kneifen, ihm nicht vorhalten, dass es zu dick sei, und Sie es erst, wenn es fünf Kilo abgenommen habe, einigermaßen attraktiv finden könnten. Um ihm ein gesundes Leben zu ermöglichen, würden Sie für eine absolut ausgewogene Ernährung sorgen. Warum legen Sie bei sich selbst einen anderen Maßstab an?

Nach und nach hatte ich während jener Jahre in New York allein

durch vernünftige Lebensweise und Sport meinen Umfang redu-
ziert. Enorme Gewichtsverluste auf einen Schlag gab es (abgesehen
von meinem Indien-Erlebnis) jedoch keine. Es ging ganz langsam
und unmerklich, und mir selbst fiel es gar nicht so recht auf –
anderen allerdings schon. Von 2001 an hatten sich bei mir gewisse
Gewohnheiten eingeschliffen. Dreimal die Woche machte ich Yoga,
ich mied chemisch behandelte Lebensmittel und Fertiggerichte,
und wenn ich Brot aß, dann gutes Vollkornbrot. Ich lernte, Etiket-
ten zu lesen, betrieb das aber nicht obsessiv. Und nach und nach
entwickelte ich ein umfassenderes Verständnis für das, was ich meinem Körper zuführte.

Ich dachte mir eine einfache gedankliche Checkliste aus, so dass
ich mich auf ausgewogene und bewusste Weise ernährte. Heute ist
mir das zur zweiten Natur geworden:

Versteckter Zucker

Dinge, bei denen man es gar nicht vermutet, können eine Menge
versteckten Zucker enthalten. Manche Sojamilchsorten sind voller
Rohrzucker, denn Soja ist nicht von Natur aus süß. Besser, man
benutzt eine Marke, die überhaupt keinen Zucker enthält oder mit
braunem Reissirup oder Fruchtsaft gesüßt ist.

Der Mythos kalorienarm/fettarm

Das Gleiche wie oben gilt auch bei vielen fettarmen/kalorienarmen
Produkten, da Lebensmittelhersteller den Mangel an Fett und Kalorien (und Geschmack) üblicherweise mit Zucker kompensieren, so
dass man durch solche Produkte quasi einen Insulinstoß verpasst
bekommt und immer noch mehr essen will.

Das Verlangen nach Süßem

Meiner Ansicht nach ist es viel besser, edle dunkle Schokolade mit
hohem Kakaogehalt oder ein Schüsselchen gutes Eis zu essen, als
eine ganze Packung kalorienarmer Kekse. Schokolade stillt in der
Regel unser Verlangen, während eine miese Alternative uns nur
mit der Lust nach mehr zurücklässt. Eine kleine Schale hochwerti-
ger köstlicher Vanille- oder Schokoladeneiscreme befriedigt unsere
Lust auf Zucker optimal. Eine Riesenschüssel federleichtes fett-

armes Eis, vollgepackt mit chemischen Bindemitteln und stark fruchtzuckerhaltigem Maissirup, wird lediglich Bauchgrimmen zur Folge haben – und dass man sich eine Stunde später schon wieder nach etwas Süßem verzehrt.

Gesundes Brot

Dasselbe gilt auch für Brot und Brötchen. Deren Qualität erkennt man, indem man sie einfach in die Hand nimmt. Je mehr ein Brot wiegt, umso höher ist in der Regel auch der Anteil an Vollkornmehl und gesunden Zutaten. Ein Stück industriell verarbeitetes Weißbrot ist zwar federleicht und luftig, hat jedoch die genau gegenteilige Wirkung auf Ihren Körper. Sobald Sie das einmal begriffen haben, ist auch der Rest keine große Wissenschaft mehr.

Immer noch im Schlafanzug, bereitete ich uns eine Art Fantasie-Wikinger-Schmaus.

Bewusster Alkoholgenuss

Diätbücher empfehlen, auf Alkohol zu verzichten, wenn sie Gewicht verlieren wollen, denn Alkohol steckt voller leerer Kalorien. Ein Glas wird Ihnen nicht schaden. Viele Gläser zuckriger Mischgetränke aber sind der Sache natürlich nicht dienlich. Trinken Sie ein Glas Wein oder Wodka mit frischer Limette und Soda.

Ende 2004 war ich glücklicherweise ganz wiederhergestellt, und das Jahr hatte dann seinen Höhepunkt in einem der schönsten Weihnachtsfeste, die ich je erlebt habe. Meine Mutter und meine Geschwister, Clover und Luke, kamen nach New York, und wir beschlossen, den Tag so richtig auszukosten und uns statt eines Mittagessens lieber ein sehr spätes Frühstück zu gönnen. Wir spielten herrlich kitschige Weihnachtslieder, und immer noch im Schlafanzug, bereitete ich uns eine Art Fantasie-Wikinger-Schmaus: Kompott, Birchermüesli, Frittata, Räucherfisch auf dickem Roggenbrot mit Crème fraîche und Kapern. Ich glaube, einen Schokoladenkuchen ohne Mehl habe ich auch noch gebacken. Jedenfalls aßen wir eine Menge.

Nur wir vier hatten uns getroffen, unser Frühstück dauerte bis weit in den Nachmittag hinein, dann machten wir einen Spaziergang durch den Schnee. Im darauffolgenden April sah ich sie alle wieder. Da waren gerade die Schneeglöckchen zum Spielen herausgekommen.

Frühling
Frühstück

Gegrillte Papaya mit Limette

FÜR 1–2 PERSONEN

1 große reife Papaya
Schale und Saft von
  2 Limetten sowie etwas
  zusätzlichen Saft zum
  Servieren

Ich habe diese Papaya auf der Karibikinsel Nevis gegessen, allein, nur in Gesellschaft eines gefräßigen Vogels. Und der hat den weitaus größeren Teil verschlungen.

Den Grill vorheizen. Die Papaya halbieren, die Samen herauskratzen und wegwerfen. Den Limettensaft in die Papayahälften träufeln und etwas abgeriebene Schale darüberstreuen. Einige Minuten unter den Grill stellen, bis sie oben leicht versengt sind. Nach Belieben noch mehr Saft zugeben.

servieren Sie die Eier mit gutem Toast
und reizendem Lächeln

Eier für Verliebte

FÜR 2 PERSONEN

4 Eier

Salz und Pfeffer

Olivenöl

Gegrillte rote Paprika – faul wie ich bin, habe ich ein Glas italienische Grillpaprika verwendet, aber selbstverständlich kann man sie auch selbst zubereiten. (Einige rote Paprika in Streifen schneiden, mit Olivenöl bepinseln und ein paar Minuten unter den heißen Grill schieben.)

1 größeres Stück Feta, zerbröselt

1 Handvoll frische Basilikumblätter

Als mein Freund und ich uns noch nicht lange kannten, kam er einmal zum Brunch zu mir, und ich servierte ihm – wenn auch sehr nervös – dies hier … Der Name klingt kühner, als ich mich an dem Tag fühlte, aber irgendwas hat offenbar funktioniert – Schicksal oder Kochkunst, wir werden es nie erfahren.

Der Trick für gutes Rührei ist die sehr niedrige Temperatur und frische Eier. Die Eier in einer Schüssel verschlagen und Salz und Pfeffer dazugeben. In einer Pfanne langsam das Olivenöl erhitzen. Die Eier hineingießen und weiterrühren, da sonst ein Omelett daraus wird. Ich lasse die Pfanne nur etwa 1 Minute auf der Kochstelle, wenn überhaupt, und nehme sie dann herunter. Die Eier stocken wunderbarerweise wie von selbst. Es hängt ganz davon ab, wie durchgebraten man sie haben will. Flüssiges Rührei hasse ich.

In einer zweiten Pfanne die Paprikaschoten ein paar Minuten erhitzen und den Feta darüberbröseln. Auf die Eier geben, behutsam mischen, salzen und pfeffern und mit etwas gehacktem Basilikum bestreuen. Mit gutem Toast und reizendem Lächeln servieren.

Birchermüesli

Birchermüesli saugt praktisch alles auf, was sich ihm in den Weg stellt. Was als eher trockene und unansehnliche Sache beginnt, wirkt am nächsten Morgen doch recht vielversprechend.

Die Äpfel grob raspeln und in eine mittelgroße Schüssel geben. Den Zitronensaft darüberträufeln; er verhindert, dass sich die Äpfel verfärben, und verleiht dem Ganzen eine angenehm säuerliche Note.

Alle anderen Zutaten untermischen und mit einem Holzlöffel umrühren. Ich lasse das Müsli über Nacht abgedeckt im Kühlschrank stehen, so dass die Rosinen schön aufquellen und die Haferflocken den Joghurt aufsaugen. Am nächsten Morgen esse ich es mit noch etwas Joghurt sowie Honig oder Sirup beträufelt zum Frühstück.

FÜR 2 PERSONEN UND ES BLEIBT NOCH ETWAS ÜBRIG

4 Äpfel, geschält und Kerngehäuse entfernt
2 EL Zitronensaft
200 g Haferflocken
500 g Naturjoghurt und etwas mehr zum Servieren
80 g Rosinen
50 g Himbeeren
30 g Walnüsse, gehackt
Honig, Agavensirup oder Ahornsirup zum Servieren

Rühr-Tofu mit Pesto und Spinat

FÜR 2 PERSONEN
1 EL Olivenöl
250 g halbfester Tofu, zerkrümelt
30 g junge Spinatblätter

Für das Pesto
200 g frische Basilikumblätter
250 ml Olivenöl
80 g Pinienkerne
1 große Knoblauchzehe, geschält und zerdrückt
50 g Parmesan, frisch gerieben
Salz und Pfeffer

Pesto in all seiner grünen Knoblauch-Herrlichkeit ist ein Liebesgedicht an den Frühling. Und auch den Duft von Bärlauch assoziiere ich mit Kindheit und Frühling, weil die Wälder von Buckinghamshire erfüllt waren von seinem pikant-stechenden Geruch – von ihm und einem Meer von Glockenblumen.

Zunächst das Pesto zubereiten. Basilikum, Olivenöl, Pinienkerne und Knoblauch in den Mixer geben und bei mittlerer Geschwindigkeit pürieren. In eine Schüssel geben und den Parmesan unterrühren. Probieren und entsprechend abschmecken.

Bei schwacher Hitze 1 EL des Olivenöls in eine Pfanne geben und den zerkrümelten Tofu hinzufügen. Spinat dazugeben und 1, 2 Minuten rühren, bis er zusammenfällt.

Pesto über die Tofu-Spinat-Mischung gießen (wahrscheinlich braucht man nicht alles, den Rest kann man in ein Marmeladenglas füllen und zu späterer Verwendung im Kühlschrank aufbewahren). Alles vermischen, bis sämtliche Zutaten heiß sind und der Tofu sich grün verfärbt hat.

Anmerkung:
Pesto wird traditionell sorgfältig mit Mörser und Stößel zubereitet. Ich glaube allerdings, dass man es genauso gut im Mixer machen kann, und das ist verdammt viel leichter, wenn man es eilig hat.

Zitronen-Ricotta-Dinkelpfannkuchen

Ein Hoch auf die gelungene köstlich-frühlingshafte Kombination aus Zitrone und Käse!

In einer großen Schüssel Ricotta, Milch und Eigelbe vermischen. Mehl und Backpulver unterrühren, bis man einen glatten Teig erhält. (Es ist nicht nötig, das Mehl zu sieben, da man sonst all die gute Kleie aussieben würde und die Masse sowieso leicht genug ist.)

Die Eiweiße in einer zweiten Schüssel schlagen, bis sie weiß und schaumig, aber noch nicht steif sind, und unter den Teig heben. Die Zitronenschale und Agaven- oder Ahornsirup hinzufügen.

In einer großen Bratpfanne das Öl erhitzen und den Teig in sehr kleinen Portionen – etwa so groß wie ein Schokoladentaler – hineinsetzen. Die Pfannkuchen 1, 2 Minuten von beiden Seiten backen, sie sollten eine honiggelbe Farbe haben.

Mit ein paar Himbeeren und etwas Agaven- oder Ahornsirup servieren.

Anmerkung:
Der Teig ist sehr leicht und locker, deshalb sollte man wirklich nur sehr kleine Pfannkuchen machen. Größere lassen sich nämlich nicht wenden, ohne dass man sie dabei zerreißt. Der Teig reicht für vier Personen und muss sofort aufgebraucht werden. Für zwei Personen einfach alle Mengen halbieren.

FÜR 4 PERSONEN (ERGIBT ETWA 20 KLEINE PFANNKUCHEN)

225 g Ricotta
125 ml fettarme Milch
2 große Eier, getrennt
60 g Dinkelmehl
1 TL Backpulver
2 TL fein geriebene Zitronenschale
1 EL Agaven- oder Ahornsirup sowie etwas mehr zum Servieren
2 TL Sonnenblumenöl

Gegrillte Feigen mit Ricotta und Thymianhonig

FÜR 2 PERSONEN

6 Feigen, geviertelt, aber
  noch ganz
1 Flöckchen Butter
1 EL Thymianhonig
2 Scheiben Ricotta

Mein Bruder Luke ist leidenschaftlicher Honig- und Käse-Esser. Einmal rief er mich an, um mir von einem Traum zu erzählen, in dem er den Schinken eines Schweins verzehrte, das ausschließlich mit Honig und Ricotta gefüttert worden war. »Es war der köstlichste Schinken, den ich je gegessen habe«, erklärte er. »Und beim Aufwachen war ich deprimiert, weil es nur ein Traum gewesen ist.« Meine Familie. Vielfraße – sogar im Schlaf.

Den Grill vorheizen. Die Feigen waschen und vorsichtig kreuzweise aufschneiden. Auf jede ein winziges Butterflöckchen setzen und mit etwas Honig beträufeln, aber nicht darin ertränken.

Die Feigen auf einem Backblech 2 Minuten unter den glühend heißen Grill schieben. Mit Ricotta servieren, über den man noch einen Löffel Honig gibt.

Rhabarberkompott mit Orangen-blütenjoghurt und Pistazien

Falls es Sie nach einem wirklich umwerfend rosa-farbenen Nachtisch verlangt, sollten Sie Himbeer-rhabarber kaufen. Wenn nicht, wird das Kompott halt prosaisch grün, was auch in Ordnung geht.

Den Rhabarber in einem Topf bei schwacher Hitze mit Agaven-sirup oder Honig sowie dem Orangensaft aufkochen, bis das Ganze etwas eingedickt ist. Das sollte etwa 4 Minuten dauern. Abkühlen lassen.

Den Joghurt mit dem Orangenblütenwasser und 1 TL Agaven-sirup oder Honig vermischen.

Den abgekühlten Rhabarber darübergießen und mit den Pista-zien bestreuen.

FÜR 2 PERSONEN

4 mittelgroße Rhabarber-stangen, in 1 cm lange Stücke geschnitten

160 ml Agavensirup oder Honig

125 ml Orangensaft

500 g fettarmer grie-chischer Joghurt (oder so viel man mag)

1 TL Orangenblüten-wasser

1 Handvoll ungesalzene Pistaziensplitter

Frühling
Mittagessen

Der Eichelkürbis
meiner Mutter

FÜR 4 PERSONEN

5 Eichelkürbisse – unge-
  fähr Baseballgröße
500 g Tiefkühlerbsen
2 EL Olivenöl
1 Handvoll frische Minze,
  fein gehackt
1 EL Rohrzucker
Salz und Pfeffer
Feta zum Servieren
  (optional)

Während eines Wochenendes, das ich bei meiner Mutter verbrachte, tobte draußen ein Sturm, und wir hatten fast nichts im Kühlschrank. Da hat sie das hier gekocht, und es schmeckte köstlich – wie immer bei ihr.

Den Ofen auf 180 °C (Umluft 160 °C) vorheizen. Die Kürbisse halbieren und die Kerne entfernen. Mit der Schnittseite nach unten in eine Backform legen und etwa 3,5 cm hoch heißes Salzwasser hineingießen. Im Ofen in etwa 1 Stunde weich garen.

Die Tiefkühlerbsen wie üblich kochen, abtropfen lassen und Olivenöl, fein gehackte Minze und 1 EL Rohrzucker hinzufügen. Den Kürbis aus dem Ofen nehmen, umdrehen und mit der Erbsenmischung füllen. Nach Geschmack salzen und pfeffern. Wer will, kann auch ein wenig Feta darüberbröseln.

Krebs-Fenchel-Salat

Ich bin praktisch Krebse fischend in Massachusetts aufgewachsen, wo meine Großmutter mütterlicherseits lebte. Eine der besten Mahlzeiten, die ich je gegessen habe, war ein gekochter Hummer am Strand, der mit zerlassener Butter, Maiskolben und eiskaltem Bier serviert wurde. Inspiriert von diesen Strandpicknicks *al fresco*, verfiel ich auf diesen hübschen Frühlingssalat, in dem ich den Hummer durch Krebsfleisch ersetze. Apropos Krebse und Hummer — wenn Sie es nicht fertig bringen, sie selber zu kochen, sollten Sie sie eigentlich auch nicht essen.

Das Krebsfleisch, Mayonnaise und Zitronensaft in einer Schüssel vermischen.

Den Fenchel waschen und die Spitzen sowie die überstehenden Stiele abschneiden. Den Wurzelansatz der Knolle kappen und auch harte oder unansehnliche äußere Blätter entfernen. Die Knolle halbieren und mit einem scharfen Messer längs von der Wurzel nach oben in möglichst dünne Scheiben schneiden.

Die Vinaigrette-Zutaten in einer kleinen Schüssel mit einer Gabel verschlagen. Eine Handvoll Frisée-Salat auf zwei Teller verteilen, eine großzügige Portion Krebsfleisch daraufgeben und den Fenchel rundherum verteilen. Den Salat mit der Vinaigrette beträufeln.

FÜR 2 PERSONEN

Weißes und braunes Fleisch von 2 mittelgroßen gekochten Krebsen
1 EL Mayonnaise
1 TL Zitronensaft
1 große Fenchelknolle
1 große Handvoll Frisée-Salat

Für die Vinaigrette
2 EL Weißweinessig
6 EL gutes Olivenöl
Salz und Pfeffer
1 TL Dijon-Senf

von Strandpicknicks *al fresco* inspiriert

Teddys Salatsuppe

FÜR 2–3 PERSONEN

2 ganze Salatköpfe –
 Kopfsalat eignet sich
 am besten
500 ml Hühnerfond oder
 Gemüsebrühe
150 g Tiefkühlerbsen
500 ml fettarme Milch
1 TL Rohrzucker
1 Prise frisch gemahlene
 Muskatnuss
Salz und Pfeffer
Crème fraîche oder etwas
 Butter zum Servieren

Meine Mutter Tessa wurde von Kindesbeinen an Teddy genannt. Sie war am French Culinary Institute in New York und kann praktisch jedes Gericht kochen (oder retten). (Mit derselben Bereitwilligkeit rettet sie auch Tiere und besitzt gegenwärtig fünf Hunde, fünf Katzen und zwei Kanarienvögel, die sie nach ihren Exgatten benannt hat.)

Den Salat in dünne Streifen schneiden, nachdem Sie ihn gründlich gewaschen und alle äußeren Blätter entfernt haben. Heben Sie die für Ihre Schildkröte auf. Die Salatstreifen mit so viel Brühe, dass sie davon bedeckt sind, in einen Topf geben, bei schwacher Hitze vorsichtig erhitzen und dabei gut im Auge behalten – denn es gibt kaum Ekligeres als angebrannten, bitteren Kopfsalat!

Weiterköcheln lassen und Fond (beziehungsweise Brühe) hinzufügen, bis der Salat weich ist. Die Erbsen dazugeben und noch etwa 4 Minuten garen. Vom Herd nehmen, etwas abkühlen lassen, dann vorsichtig pürieren.

Langsam die Milch zugießen – mehr oder weniger, je nachdem, wie dick die Suppe sein soll – und noch einmal bei schwacher Hitze erwärmen. Mit Rohrzucker, Muskatnuss, Salz und Pfeffer abschmecken.

Soll die Suppe kalt gegessen werden, muss sie in den Kühlschrank. Vor dem Servieren in jeden Teller 1 TL Crème fraîche geben. Isst man sie heiß, wird die Crème fraîche durch ein wenig Butter ersetzt.

Spargelsuppe mit Parmesan

FÜR 4–6 PERSONEN
2 Lauchstangen, nur den
    weißen Teil
1 Schalotte
1 Bund Spargel, etwa
    24 kleine bis mittlere
    Stangen
Olivenöl
1 l heiße Gemüsebrühe
    oder Hühnerfond
Parmesanrinde
Salz und Pfeffer

Dieser Suppe muss ich ein warnendes Beispiel vorausschicken.

Ich war gerade fröhlich dabei, die Suppe daheim zu testen, um vernünftige Maßangaben machen zu können. Es war am späten Abend, ich war allein, hörte Musik, und alles lief wie geschmiert. Das heißt, bis ich die immer noch ziemlich heiße Suppe zum Pürieren in den Mixer kippte. Als ich auf die Püriertaste drückte, fiel der Strom aus. Und als der Strom ausfiel, beschloss meine Suppe, wie ein Geysir aus dem Mixer zu schießen und mich, Fußboden und Wände mit dickem grünem Schlick zu überziehen. Ich brüllte lauthals »Sch****!«, musste dann aber doch lachen.

Ich versuchte herauszukriegen, ob der Mixer kaputt oder tatsächlich der Strom ausgefallen war, und beschloss, dass es am klügsten wäre, die Waschmaschine zu inspizieren, die ebenfalls eingeschaltet gewesen war. (Im Sicherungskasten war alles in Ordnung.) Ich stapfte – die Füße voller Lauch – zur Waschmaschine hinüber und öffnete die Tür. Ein Riesenschwall kalter Seifenlauge ergoss sich über mich und den grünen Boden.

»Sch****!«, brüllte ich erneut, auf einem Bein hüpfend, während ich mich bemühte, die Flut einzudämmen. Dann heulte ich. Doch das brachte gar nichts – auch den Strom nicht zurück. Kühlschrank, Ofen, Telefon und Computer funktionierten ebenfalls nicht mehr – wenig hilfreich, wenn man gerade ein Kochbuch schreibt. Der Akku meines Handys hatte zwar noch einen Balken, in meinem Haus jedoch keinen Empfang. Also stand ich in der einzigen Ecke des Gartens, in der es funktionierte, und versuchte, den Elektrikernotdienst zu erreichen.

Gegen halb zwölf war der Elektriker da. Angewidert starrte er auf meinen grün verkrusteten Pullover und mein tränenverschmiertes Gesicht. Dann streichelte er behutsam den Sicherungskasten. Und dröhnend setzte sich alles wieder in Bewegung.

»Kurzschluss«, meinte er. »Alles in Ordnung; wahrscheinlich der Mixer.«

»Der Mixer war es *nicht*«, entgegnete ich abwehrend. »Das ist ein ganz hervorragender Mixer.«

Er zog eine Augenbraue hoch und ging. Ich saß auf dem Boden und aß mit einem großen Löffel die mageren Reste aus dem Mixer. Die Suppe war gut. Ich lachte.

Lauch und Schalotten fein hacken. Den Spargel mit Ausnahme der harten Enden hacken. (Sie können sie, wenn Sie eine echte Küchenfee sind, später für eine Spargelsuppe verwenden.)

In einem Suppentopf etwa 1 EL Olivenöl erhitzen und Lauch und Schalotten darin glasig schwitzen. Die heiße Brühe und die Parmesanrinde hinzufügen. Etwa 15 Minuten auf schwacher Hitze köcheln lassen und gegen Ende der Garzeit für etwa 7 Minuten den Spargel mitgaren lassen. Abschmecken, die Parmesanrinde (oder was davon übrig ist) mit einem Löffel entfernen. Die Suppe ein wenig abkühlen lassen und dann entweder pürieren oder als Brühe mit Gemüseeinlage genießen. Beides schmeckt – wie ich weiß.

Zucchini-Brunnenkresse-Suppe

FÜR 2 PERSONEN

2 Zucchini

2 Handvoll Brunnen-
kresse

1 kleine Zwiebel, fein
gehackt

Olivenöl

1 l Hühnerfond oder
Gemüsebrühe

Salz und Pfeffer

1 EL Sahne

1 Prise Safranfäden
(optional)

Kinderleicht, durch und durch gesund und grasgrün. Meine Frühlingssuppen scheinen eindeutig um ein grünes Thema zu kreisen.

Zucchini und Brunnenkresse waschen und grob zerkleinern.

In einem schweren Suppentopf die Zwiebel in etwas Olivenöl anschwitzen, bis sie glasig geworden ist. Zucchini und Gemüsebrühe oder Hühnerfond hinzufügen und bei niedriger Hitze etwa 10 Minuten kochen. Die Brunnenkresse zugeben und weitere 5 Minuten garen. Mit Salz und Pfeffer abschmecken.

Die Suppe ein wenig abkühlen lassen und dann pürieren. Noch einmal erhitzen, Sahne und eventuell eine Prise Safran hinzufügen. Mit einem Schuss Olivenöl servieren.

Frikassee aus Frühlingsgemüse

Ein Juwel von einem Gericht, zart und wunderbar anzusehen.

Das Olivenöl in einem großen Topf erhitzen. Zwiebel, Knoblauch und Lauch bei schwacher Hitze etwa 5 Minuten anschwitzen, und falls es zu trocken wird, etwas Brühe zugießen. Das restliche Gemüse und das Lorbeerblatt dazugeben und weitere 4 Minuten bei schwacher Hitze garen. Deckel auflegen und nochmals 10 Minuten köcheln lassen.

Inzwischen in einem zweiten Topf die Butter zerlassen und vorsichtig das Mehl hinzufügen. Etwa eine Minute gut verquirlen. Langsam die Brühe zugießen und kräftig rühren, damit sich keine Klümpchen bilden. Das Gemüse hinzufügen und einige Minuten köcheln lassen. Das Lorbeerblatt entfernen, es sei denn, Sie wollen es mitessen.

FÜR 2 PERSONEN

2 EL Olivenöl
80 g Zwiebel, grob
  gehackt
1 Knoblauchzehe,
  geschält und fein
  gehackt
4 junge Lauchstangen,
  halbiert oder geviertelt
375 ml Gemüsebrühe
10 kleine Maiskölbchen,
  halbiert
6 kleine Zucchini, halbiert
6 kleine Möhren, halbiert
1 Handvoll Zucker-
  schoten
1 Lorbeerblatt
Salz und Pfeffer

Für die Mehlschwitze
1 großzügiger EL Butter
1 ½ EL Mehl

Dicke-Bohnen-Salat mit Pecorino und Spargel

FÜR 2 PERSONEN
180 g Spargelspitzen
150 g frische oder tief-
    gekühlte junge Dicke
    Bohnen, Häute entfernt
    (Frische müssen blan-
    chiert werden, ehe man
    die Häute entfernen
    kann. Man kann auch
    dieselbe Menge an
    abgetropften und ab-
    gespülten Bohnen aus
    der Dose nehmen.)
1 kleine Handvoll frische
    Minze, fein gehackt
3 EL bestes Olivenöl
Salz und Pfeffer
50 g Pecorino, zerkrümelt

In einem sehr guten italienischen Restaurant in New York habe ich einmal etwas ganz Ähnliches gegessen. Es ist ein schlichtes Vergnügen, das mit etwas Meersalz und einem großzügigen Schuss köstlich duftenden Olivenöls vollkommen wird.

Den Spargel in einem Topf mit sprudelndem Salzwasser 2–3 Minuten kochen. Abtropfen lassen und unter kaltem Wasser abschrecken.

Bohnen und Spargelspitzen in eine kleine Salatschüssel geben und die Minze hinzufügen. Das Olivenöl darübergießen und mit etwas Salz und Pfeffer würzen. Mit Käse bestreuen. In einem duftenden Garten, wo ein paar dicke Hummeln in der Nähe brummen – aber nicht so nah, dass es stört –, genießen.

Frühling
Abendessen

von Liebe umgeben im Garten serviert

Wolfsbarsch mit schwarzer Olivensalsa und kleinen Zucchini

FÜR 2 PERSONEN

2 Wolfsbarschfilets

Olivenöl

Saft von 1 Zitrone

Salz und Pfeffer

6 kleine Zucchini, halbiert

Für die schwarze Olivensalsa

250 g schwarze Oliven, entsteint

150 g Kirschtomaten, halbiert

1 Handvoll Basilikum und Dill, frisch gehackt

Saft von 1 Zitrone

½ rote Chilischote, Samen entfernt und gehackt

60 ml Olivenöl

1 Zitrone, in Scheiben geschnitten, Schale und weiße Haut entfernt, zum Garnieren

Dies wäre ein schönes Abendessen für zwei. An meinem dreißigsten Geburtstag ließ ich mir einen Wolfsbarsch zubereiten und ihn mir, umgeben von schimmerndem Kerzenlicht und jeder Menge Liebe, im Garten servieren.

Den Ofen auf 190 °C (Umluft 170 °C) vorheizen. Den Wolfsbarsch in einer Mischung aus Olivenöl, Zitronensaft, Salz und Pfeffer etwa 20 Minuten marinieren.

In einer Schüssel Oliven, Tomaten, gehacktes Basilikum sowie Dill, Zitronensaft, rote Chilischote und Olivenöl vermischen. Beiseite stellen.

Die Zucchini der Länge nach durchschneiden, mit Salz und Pfeffer bestreuen und mit Olivenöl beträufeln, dann 20 Minuten im Ofen garen.

Den Wolfsbarsch in heißem Olivenöl 2 Minuten pro Seite in der Pfanne braten. Den Fisch auf die Teller legen, schwarze Olivensalsa darübergeben und die Zucchini als Beilage mit etwas Dill und Zitronenscheiben servieren.

Gebackener Orangen-Heilbutt mit Brunnenkressepüree

Das ist beim Herumexperimentieren mit Frühlingsaromen herausgekommen. Die Zutaten sind wie gemacht für ein Pfannengericht. Ich verwende Heilbutt sehr gern, weil er so fleischig und steakartig ist. Die Mischung aus Orange, Brunnenkresse und Kräutern ergibt ein leichtes, frisches und aromatisches Abendessen.

Zunächst das Brunnenkressepüree zubereiten. Die Stängel der Kresse wegwerfen und die Blätter fein hacken. Bei schwacher Hitze die Butter zerlassen, die Brunnenkresse hinzufügen und garen, bis sie weich ist, was einige Minuten dauern kann. Vom Herd nehmen und entweder pürieren oder aber durch ein Sieb streichen. Abschmecken und warm halten.

Die Heilbuttsteaks in einer sehr, sehr heißen beschichteten Pfanne von jeder Seite einige Minuten anbraten. Sobald sie knusprig und braun werden, ein wenig Olivenöl und Orangensaft und -schale hinzufügen und noch etwas ziehen lassen. Auf dem Brunnenkressepüree und mit gehackten Kräutern bestreut servieren: Petersilie, Schnittlauch oder Estragon sind gleichermaßen geeignet.

FÜR 2 PERSONEN
2 dicke Heilbuttsteaks
1 Schuss Olivenöl
Saft und Schale von
    ½ Orange
Frisch gehackte Kräuter,
    zum Servieren (optional) – am besten Petersilie oder Estragon

Für das Brunnenkressepüree
1 großer Bund Brunnenkresse
1 EL Butter
Salz und Pfeffer

Hortenses Fischsuppe

Hortense Ramos ist eine talentierte Köchin aus Portugal. Während meiner Zeit in Amerika hatte ich das Glück, sie kennen zu lernen. Ihre Backkünste sind unerreicht, und ihre Zitronenschnitten können erwachsene Männer zu Tränen rühren. Dies ist ein Rezept, das sie mir freundlicherweise überlassen hat.

Zunächst den Fisch in 1 cm große Würfel schneiden und die Garnelen aus den Schalen pulen und entdarmen. Die Jakobsmuscheln in Viertel schneiden, Miesmuscheln schrubben, Bärte entfernen und alles beiseite stellen.

Das Öl in einem schweren großen Topf erhitzen und Zwiebel, Lauch, Sellerie und grüne Paprikaschote hinzufügen. Bei schwacher Hitze unter ständigem Rühren anbraten, bis die Zwiebeln glasig sind. Cayennepfeffer sowie Salz und Pfeffer nach Geschmack unterrühren. Den Wein und die gehackten Tomaten dazugießen und etwa 5 Minuten weitergaren, dann den Fischfond auf einmal zugeben und weitere 20 Minuten köcheln lassen.

Seeteufel oder Barsch hinzufügen und etwa 2 Minuten garen, dann Garnelen, Jakobsmuscheln und Miesmuscheln dazugeben. Unter häufigem Umrühren etwa 3 Minuten lang weitergaren, bis die Muscheln sich geöffnet haben. (Muscheln, die nicht aufgehen, wegwerfen.) Den Pernod oder Ricard unterrühren und abschmecken. In Suppenteller füllen und mit einem großen grünen Salat als Beilage servieren.

Anmerkung:
Frische Miesmuscheln sollten gesund aussehen, unbeschädigt und fest geschlossen sein. Leicht geöffnete Muscheln, die sich nicht schließen, wenn man sie antippt, sollte man wegwerfen.

FÜR 4 PERSONEN ALS ÜPPIGER HAUPTGANG

500 g weißer Seeteufel oder Streifenbarsch
225 g rohe Garnelen
225 g Jakobsmuscheln
12 Miesmuscheln
60 ml Olivenöl
320 g Zwiebeln, fein gehackt
180 g Lauchstangen, nur die weißen Teile, fein gehackt
2 Stangen Staudensellerie, fein gehackt
1 große grüne Paprikaschote, Kerne entfernt und fein gehackt
¼ TL Cayennepfeffer
Salz und Pfeffer
125 ml Weißwein
3 Dosen geschälte Tomaten, stückig à 400 g
1 l Fischfond
1 EL Pernod oder Ricard

Lamm in all seiner saftigen, krustigen Herrlichkeit

Lammkarree mit Kruste für Luke

FÜR 2 PERSONEN

2 Lammkarrees mit je 3 Koteletts

Olivenöl

1 Eiweiß

2 EL gemahlene Mandeln

1 Knoblauchzehe, geschält und gehackt

½ TL gemahlener Kreuzkümmel

1 Handvoll frische Minze, Petersilie und Koriander, fein gehackt

Für die gerösteten Süßkartoffeln mit Rosmarin

2 mittelgroße Süßkartoffeln, geschält und in dicke Stücke geschnitten

1 kleine Handvoll Rosmarin, frisch gehackt

2 EL Olivenöl

Mein Bruder Luke liebt Lamm, je blutiger, umso besser. Er war richtiggehend empört, als er hörte, dass sich in diesem Buch kein einziges Lamm-Rezept befinden sollte. Und obwohl ich selbst kein Lamm esse, ist das hier in all seiner saftigen, krustigen Herrlichkeit ihm und allen Lamm liebenden Fleischfressern gewidmet.

Zuerst das Fleisch mit etwas Olivenöl in einer glühend heißen Pfanne anbraten. Da es nur darum geht, die Poren zu versiegeln und den Saft einzuschließen, das Fleisch tatsächlich nur wenige Minuten lang bräunen.

Den Ofen auf 190 °C (Umluft 170 °C) vorheizen. In einer Rührschüssel das Eiweiß verschlagen und gemahlene Mandeln, Knoblauch, Kreuzkümmel und Kräuter unterrühren. Gut vermischen und auf das Lamm streichen, so dass es ganz damit überzogen ist.

Die Süßkartoffeln mit Rosmarin bestreuen und, mit einigen Spritzern Olivenöl beträufelt, auf einem Backblech in den Ofen stellen. Nach 25 Minuten das Lamm in einem eigenen Bräter daneben stellen und 20 Minuten braten, oder, wenn man es blutig wünscht, auch kürzer. Die Süßkartoffeln sollten, wenn Sie sich an die genannten Zeitvorgaben halten, exakt zur gleichen Zeit gar sein wie das Lamm.

Gegrillte Jakobsmuscheln auf Erbsenpüree

Vorausgesetzt, Ihre Pfanne ist wirklich glühend heiß, kann eigentlich nicht mehr viel schiefgehen.

Die Erbsen 5 Minuten in sprudelndem Wasser kochen. Abtropfen lassen und mit Butter oder Öl, Minze und Crème fraîche in den Mixer geben. Pürieren, probieren und abschmecken.

In einer großen Bratpfanne das Olivenöl erhitzen, die Jakobsmuscheln hineingeben und auf beiden Seiten anbräunen. Wenn Sie fast gar sind, Zitronenschale und Chili dazugeben und die Pfanne schwenken.

Das Erbsenpüree auf zwei Teller verteilen, die Jakobsmuscheln daraufsetzen und servieren.

FÜR 2 PERSONEN

300 g Tiefkühlerbsen

1 EL Butter oder Olivenöl

1 EL frische Minze, gehackt

1 EL Crème fraîche

Salz und Pfeffer

1 EL Olivenöl

8 große Jakobsmuscheln

2 TL Zitronenzeste

1 TL getrockneter roter Chili

Kurkuma-Tofu mit Kirschtomaten-Quinoa-Pilaf

»Was ist Quinoa?«, fragen mich die Leute. »Es ist ein uraltes Getreide«, erwidere ich ihnen. Es ist ein seltsames magisches Korn, glutenfrei und voller Proteine, und es kocht sich genau wie Couscous. Inzwischen kann man es in vielen Supermärkten, mit Sicherheit aber in guten Bioläden finden.

Das Wasser in einem Topf zum Kochen bringen, Quinoa dazugeben, Deckel auflegen und 10–15 Minuten köcheln lassen. Abkühlen lassen. Quinoa in eine Schüssel geben und einen Löffel Olivenöl hinzufügen. Die gehackten Frühlingszwiebeln/Schalotten, Tomaten und einen Teil der gehackten Kräuter dazugeben.

In einer Pfanne etwas Olivenöl erhitzen und den Tofu darin sautieren; dabei großzügig mit Kurkuma bestreuen, so dass er eine herrlich goldgelbe Farbe annimmt. Auf jeder Seite einige Minuten anbraten.

Für das Dressing Crème fraîche, Zitronensaft und 1 oder 2 TL Zitronenzeste verrühren. Es wird sehr dick – und soll auch so sein. Mit reichlich schwarzem Pfeffer würzen. Den Quinoasalat anmachen, Tofuscheiben und gehackte Kräuter darüber verteilen und servieren.

FÜR 2 PERSONEN
500 ml Wasser
180 g Quinoa
Olivenöl
1 Frühlingszwiebel oder
   Schalotte, gehackt
300 g Kirschtomaten,
   halbiert
1 Handvoll frische Petersilie, gehackt
1 Handvoll frischer Koriander, gehackt
6 Scheiben fester Tofu
Reichlich gemahlene Kurkuma zum Bestreuen

Für das Dressing
4 EL Crème fraîche
Schale und Saft von 1
   unbehandelten Zitrone
Schwarzer Pfeffer

Hähnchen-Schmortopf mit grünen Oliven

FÜR 4 PERSONEN

Olivenöl

1 Hähnchen, vom Flei-
scher zerlegt

2 Knoblauchzehen, ge-
schält und zerdrückt

1 Fenchelknolle, grob
gehackt

250 ml Weißwein

1 Dose geschälte Toma-
ten, stückig à 400 g

250 ml Hühnerfond

150 g grüne Oliven, ent-
steint

1 kleine Handvoll frisches
Basilikum, gehackt

Diese dicken grünen italienischen Oliven haben etwas von einem Frühlingsgedicht. Außerdem ist es ein ganz einfaches Gericht. Ein Abendessen in der Küche bei offen stehenden Türen, begleitet von einem guten sommerlichen Weißwein, zum Beispiel einem Pouilly-Fuissé.

In einem großen Topf 3 EL Olivenöl erhitzen, die Hähnchenstücke hineingeben, 15 Minuten braten, bis alles angebräunt ist. Aus dem Topf nehmen und beiseite stellen.

Im selben Topf Knoblauch und Fenchel einige Minuten in etwas zusätzlichem Öl anschwitzen. Mit dem Wein ablöschen, die Tomaten hinzufügen und 10 Minuten bei schwacher Hitze köcheln lassen. Die Hähnchenstücke in den Topf zurückgeben, 30 Minuten bei niedriger Temperatur garen und nach und nach den Hühnerfond zugießen. Einige Minuten vor Ende der Garzeit Oliven und Basilikum hinzuzugeben und dann servieren.

Garnelen-Avocado-Grapefruit-Brunnenkresse-Salat mit Pekannüssen

Perfekt für ein Mittagessen, das nach großem Aufwand aussieht, aber dennoch schnell geht.

Auf einem großen Teller ganz nach Geschmack und Belieben Garnelen, Avocado, Grapefruit und Brunnenkresse hübsch arrangieren.

Alle Dressing-Zutaten in den Mixer geben und zerkleinern.

Die Pekannüsse im heißen Ofen einige Minuten lang rösten.

Das Dressing über den Salat gießen und mit den Pekannüssen bestreuen.

FÜR 2 PERSONEN

350 g Garnelen, gekocht und geschält
1 Avocado, entsteint und in Scheiben geschnitten
1 Grapefruit, geschält und filetiert
1 Bund Brunnenkresse
50 g Pekannüsse

Für das Dressing
Saft von 3 Limetten
1 große Handvoll frischer Koriander, fein gehackt
1 kleine Handvoll frische Minze, gehackt
1 grüne Chilischote, Samen entfernt und gehackt
1 TL Zucker oder Honig
½ TL Fischsauce

GRAPES and Bees.....

Sommer

FRÜHSTÜCK

Gebackene Zimt-Pfirsiche mit Vanillejoghurt

Heidelbeer-Erdbeer-Smoothie

Kalte Frittata mit Ziegenkäse und Zucchini

Rührei mit Brunnenkresse und Räucherlachs

Frühstücks-Burrito

Selbstgemachtes Müsli mit Erdbeerjoghurt

MITTAGESSEN

Avocadosuppe

Quinoa-Salat mit Tahini-Dressing

Rote-Bete-Suppe

Erbsensuppe

Sommerkürbis mit Tomatensauce und Pinienkernen

Salade Niçoise ohne Sardellen und Kartoffeln

Fischfrikadellen

ABENDESSEN

Linguine mit Tomaten, Zitrone, Chili und Krebsfleisch

Warme Ratatouille

Hähnchen und Fenchel gratiniert

Kokosnuss-Curry mit Garnelen

Gegrilltes Gemüse mit Halloumi

Lachs auf der Zedernplanke gegrillt

Wildreis-Risotto

Im Sommer 2007, der für seinen Dauerregen berühmt wurde, zog ich nach England zurück. Ich sank in die durchweichte Landschaft meines Heimatlandes wie in ein gemütliches Federbett. Ich zog aufs Land. Es gab keine Straßenbeleuchtung, kein Essen zum Mitnehmen, keine hupenden Autos, nichts. Nichts außer Stille, Sternen und nasskalten grünen Wiesen. Ich blickte auf mein Leben, das in Umzugskisten vor mir stand, und machte mir eine Schüssel Porridge, den ich aus dem alten Stiefmütterchen-Porzellan meiner Mutter aß, während ich auf dem nackten Fußboden saß und mich fragte, was wohl als Nächstes kommen würde.

Es gibt vieles, das sich unserer Kontrolle entzieht – der tägliche Umgang mit unserem Körper aber sollte nicht dazu zählen. Ich denke, die entscheidende Frage dabei lautet: Wie können wir einen Ernährungsstil in unser Leben integrieren, der vernünftig, genießbar und vor allem durchzuhalten ist? Und dabei kann Ihnen meine Erfahrung hoffentlich eine Hilfe sein.

Alles, was Sie in diesem Buch finden, koche und esse ich selbst. Nichts davon benötigt stundenlange Vorbereitungen, das meiste kann man gut nach Feierabend zubereiten, und es ist für jeden etwas dabei. Wie schon des Öfteren erwähnt, halte ich wirklich nichts davon, ganze Lebensmittelgruppen aus unserer Ernährung auszuschließen oder mich rigorosen Diätvorschriften zu unterwerfen, die vor Verboten nur so strotzen, so dass Sie derlei hier auch nicht finden werden.

Überzeugt bin ich allerdings von Mäßigung und Ausgewogenheit, weil beides mir gutgetan hat, und ich bin Tag für Tag bemüht, mich von diesen Werten leiten zu lassen.

Wenn wir uns die Zeit nehmen würden, uns der Bedürfnisse unseres Körpers bewusst zu werden, statt immer nur darüber nachzudenken, was alles daran falsch sein könnte, wäre diese ganze Gewichtssache gar kein so großes Problem mehr. Deswegen gibt es

hier sowohl Rezepte für Regentage, an denen man einfach Schokolade haben muss, aber auch leichtere Sachen für spinnwebzarte
Sommerabende, an denen man weniger Hunger verspürt.

Manchmal mögen Sie vielleicht einfach nur Suppe zum Mittagessen, ein andermal eher einen schönen Teller Pasta und dafür vielleicht ein leichteres Abendessen. Ich kenne beides und lege mich da
nicht fest. Die hier vorgestellten Möglichkeiten entsprechen alle
diesem Muster. Wenn Sie Ihren eigenen Entscheidungen trauen
können, ist es eine einfache Gleichung. Und sosehr wir auch vor-
geben, es nicht zu können, sosehr haben wir doch alle eine recht
genaue Vorstellung von dem, was gut für uns ist. Wenn wir uns
nämlich durch diese Lebensmittel energiegeladen, gesund und in
Hochform fühlen.

Sexy ist, wer genug Energie hat, um mit seinem Liebsten zu toben.

Und bitte, lassen Sie sich nicht von irgendeinem fiktiven Hoch-
glanz-Diätplan beeinflussen oder verwirren, nach dem ein rappel-
dürres Starlet zu leben schwört, einschließlich ihrer zehn Mandeln
oder ihres öden Bechers Hüttenkäse für zwischendurch! Igitt! Solche Sachen sind oft aus der Luft gegriffen oder werden in Redaktio-
nen zusammenfantasiert. Der Witz dabei ist, dass dasselbe Starlet,
über das wir gerade lesen und dessen Diätplan wir so toll finden,
genau in dem Moment in einem Flugzeug sitzt, eine Zeitschrift
liest und sehnsüchtig denkt: Gott, wenn ich nur im Bikini wie
Giselle/Jessica Biel/Kate Hudson aussehen würde. Was sie wohl
isst, wer wohl ihr/e Ernährungsberaterin/Trainerin/Schönheits-
chirurg ist … Ich muss das unbedingt rauskriegen.

Ich hätte so gern einen Hintern wie J Lo, aber dass ich den je
haben werde, ist höchst unwahrscheinlich, auch wenn ich den Rest
meiner Tage damit zubringe, beim Aufstehen zehntausend Ausfall-
schritte zu machen. Meine Schwester, die Glückliche, hat diesen
begehrten Hintern, dafür hasst sie ihre Beine. Beim Gen-Lotto
habe ich die langen Beine gezogen, sie den Hintern. So läuft das.
Vielleicht kann ich ja in meinem nächsten Leben diesen pracht-
vollen Erker von einem Hinterteil erben. Wir müssen mit dem
arbeiten, was wir haben, es schätzen und sehen, dass wir damit wei-
terkommen. Wir alle verbringen viel zu viel Zeit damit, uns auf das
zu konzentrieren, was wir nicht haben, und vernachlässigen dabei
unsere tatsächlichen Stärken.

Im Laufe meiner Karriere und auf meinen Reisen bin ich Frauen
mit außergewöhnlich schönen Körpern begegnet, die nicht Ge-

fangene von Kümmerkost und selbstauferlegten Qualen waren. Es sind Frauen, die sich vernünftig ernähren, vielleicht einmal die Woche beim Essen über die Stränge schlagen und so Sport treiben, dass sie Spaß dabei haben, ob sie nun boxen, Fahrrad fahren, surfen, Yoga machen, Volleyball spielen, turnen, an der Stange tanzen, laufen oder gehen. Solche Frauen sind sexy. Sie sind nicht unbedingt gertenschlank oder besonders üppig. Sie alle teilten die uneingeschränkte Leidenschaft fürs Essen, aber auch für gesunde Ernährung sowie das Wissen, dass – wie dick oder fit sie auch sein mögen – sie allein das Heft in der Hand haben. Es liegt so etwas Fröhliches in ihrer Ausstrahlung.

Ich bin auch vielen Frauen begegnet, die sich einschränken und unglücklich sind. Es liegt etwas zutiefst Freudloses in einem Leben, das nur aus Einschränkungen besteht, schon in diesem Wort. Hungern ist nicht sexy. Hungern bedeutet blutendes Zahnfleisch, schlechten Atem, brüchige Knochen, Unfruchtbarkeit und andere Komplikationen. Man fühlt sich ausgelaugt und schlapp.

Sexy dagegen ist, wer einen gesunden Appetit hat und genug Energie, um mit seinem Liebsten zu toben, sein Baby hochzunehmen, für Freunde zu kochen, laufen zu gehen oder einfach mal über den Markt zu schlendern. Sexy sein hat etwas mit Zufriedenheit zu tun, mit dem Bewusstsein seiner Möglichkeiten und mit dem Gefühl, lebendig zu sein.

Alles hat seine Zeit – siebzehn bis einundzwanzig war bei mir die Zeit des Schokoladenkuchens. Ich war einfach nicht in der Lage, mein Essverhalten in vernünftige Bahnen zu lenken, stattdessen lernte ich es auf die harte Tour, indem ich alles am eigenen Leib durchexerzierte. In den Jahren, die seither vergangen sind, wurden auf dem Gebiet der Ernährung eine Menge bahnbrechende Erkenntnisse gewonnen, und diese Informationen sind heute in viel größerem Umfang zugänglich. Außerdem ist es inzwischen allgemein bekannt, dass Fleisch und Milchprodukte aus Massentierhaltung nicht gesund für den Menschen sind, ganz sicher aber nicht gut für das Tier, das alldem ausgesetzt ist. Jamie Oliver und Hugh Fearnley-Whittingstall haben sich lautstark für dieses Anliegen eingesetzt, und ihre Beharrlichkeit hat einen erstaunlichen Bewusstseinswandel bewirkt. Innerhalb eines relativ kurzen Zeitraums sahen wir Ernährungstrends anschwellen und wieder abebben: fettarm, kalorienarm, stark fetthaltig, kohlenhydratarm, kohlenhydratfrei und so weiter. Es ist nur zu hoffen, dass wir nach all dem Wirbel und der Aufregung bald wieder zu jener altmodischen gesunden Ausgeglichenheit kommen.

Natürlich kenne ich auch nicht alle Antworten, ich lerne noch. Das ist ja das Schöne daran. Während ich dieses Buch zum Abschluss brachte, quartierte ich mich in einem zauberhaften mexikanischen Hotel in der Nähe der Stadt Colima ein. Die Hacienda San Antonio ist ein ruhiger heiterer Ort in den Bergen. Ich besuchte sie mit meinem Freund, nachdem ich ein paar Monate lang einsam geschrieben und auch immer wieder die Nase in den Kühlschrank gesteckt hatte, wozu ich – wie schon erwähnt –, einem Computer und mir selbst überlassen, sehr stark neige. Ich fühlte mich etwas fülliger als sonst und machte Witze darüber, meinen Hintern beim Zoll als Übergepäck zu deklarieren.

Das Hotel hatte eine vorzügliche Küche, alles stammte entweder vom hoteleigenen Bauernhof und der zugehörigen Molkerei oder aber aus der näheren Umgebung. Das Frühstück bestand aus Rührei mit Zwiebeln, Paprika und Käse sowie köstlichem Naturjoghurt mit Honig. Zum Mittagessen gab es ein Buffet mit allem, was man sich nur vorstellen konnte, doch meist entschied ich mich für Salat, gegrillten Tintenfisch, Ziegenkäse und Tortillas. Die Margaritas waren unglaublich, und eine davon trank man allabendlich um sieben – ein Ritual, dem dann ein ausschweifendes Gelage von einem Abendessen folgte: Guacamole, Fisch in pikanter Limetten-Koriander-Sauce, knackiger Brokkoli und Möhren aus dem Garten und danach noch ein sanft bebender Karamell-Flan, gesprenkelt von dünnen grünen Peperonispänen.

So schlemmte ich eine Woche lang Tag für Tag und aß auch immer ein kleines Dessert, manchmal auch zwei. Dann nämlich, wenn ich schon zum Mittagessen etwas ganz und gar Köstliches vorgesetzt bekam, wie etwa eine weiche Zitronentarte mit knusprig gebackenem Boden. Es gab weder Zimmerservice noch Minibar, so dass wir nur zu den Mahlzeiten aßen. Zwischendurch gingen wir spazieren, ritten im nachmittäglichen Regen, der in der Regenzeit ein, zwei Stunden in Strömen fiel, dann wundersamerweise aufhörte und das Land vollgesogen und grün zurückließ, die Luft erfüllt von einem sauberen Geruch nach Erde und allem, was gut ist.

Die Moral von der Geschichte aber ist, dass – nachdem ich eine Woche lang praktiziert hatte, was ich predige – meine Jeans schlackerte, mein Bauch flach war und ich auch ein Viertel meines Hinterns in Mexiko gelassen hatte.

In einer Geschichte mit einem ordentlichen Ende wäre die Krankheit, die ich mir in Indien holte, die ultimative Offenbarung gewesen. Tatsächlich aber erlebte ich eine Reihe von Mini-Offenbarungen, die ich mir immer noch hin und wieder in Erinnerung rufen muss, meist in jenen hormongestörten Augenblicken, wenn ich mich fühle wie die dickere Cousine des Michelin-Männchens. Inzwischen habe ich, was meinen Appetit und meine starke Affinität zum Essen angeht, jede Menge Humor und bin stolz darauf.

Mein Babyspeck, den ich mir aus Unsicherheit angefressen hatte, denn nichts anderes war es ja im Grunde, machte sich innerhalb eines Jahres langsam davon, vielleicht, um als ungebetener Gast einen anderen ahnungslosen Teenager heimzusuchen. Der Speck verschwand, und zurück blieb mein erwachsenes Ich. Heute kann ich mir nicht mehr vorstellen, auf die stille Freude zu verzichten, die mein erwachsenes Ich aus Essen und Kochen zieht; sie gehört zu mir, und ohne käme mir das Leben irgendwie farblos vor. Sogar bei Schlaflosigkeit ist der Gedanke ans Kochen wie Balsam, denn wenn ich nicht schlafen kann, wälze ich meine Kochbücher, was wie ein Zauber wirkt.

Ich machte Witze darüber, meinen Hintern beim Zoll als Übergepäck zu deklarieren.

Während ich dieses Buch schrieb und testete, gönnte ich mir den Luxus, auf der Suche nach dem reifsten Pfirsich oder dem schmackhaftesten Pecorino, über zahlreiche Gemüsemärkte und durch viele Feinkostgeschäfte zu streifen. Die Auswahl war ehrfurchtgebietend, und glücklich wie ein müßiges Huhn im warmen Gras gackerte und pickte ich hier und da. Der Genuss verdoppelte sich in meiner stillen Küche, wenn der soundsovielte Kuchen in der Röhre backte und Nina Simones rauchige Stimme aus der Stereoanlage erklang. Immer und immer wieder kam mir dabei in den Sinn, wie einfach Kochen und Essen doch sein können – und gleichzeitig kann beides ein so universeller Ausdruck von Liebe und Menschlichkeit sein. Ich könnte wetten, dass, wenn Sie sich der denkwürdigen Ereignisse Ihres Lebens im Zusammenhang mit Mahlzeiten erinnern, Ihr nächster Gedanke nicht ist: Und Kalorien hatte das soundso viele.

Für mich sind in diesem köstlichen Datenspeicher der Sinne lauter winzige Dinge aufbewahrt: das Stachelbeer-Kompott meiner Mutter, das wir in einer heißen stillen Sommernacht im Garten aßen, mein Vater, der mir in seiner Küche mit den schwarz-weißen Linoleumfliesen Rührei auf Toast machte, während sein grantiger Kater Norman uns misstrauisch beobachtete, der Geruch von Groß-

mutter Gee-Gees Haus, wenn sie uns in ihre Diele zog, die Biskuittorte, leicht wie eine Feder und großzügig mit selbstgemachter
Erdbeermarmelade gefüllt, frisch aus dem Ofen. Oder wie ich als
Kind mit Grippe auf dem Sofa lag, und mein Kindermädchen Maureen mit einem Teller dicker Linsensuppe und kühler Hand für
mich da war. Der Geruch jenes ersten, angebrannten Risottos, das
ich mit fünfzehn kochte, um einen Jungen zu beeindrucken, und wie
es dann später duftete, als es gelang und ich es für meine kleinen
Geschwister Sonntag für Sonntag wieder zubereitete. Die Mitter-
nachtsparty, die ich, dreizehn Jahre alt, mit meiner besten Freundin
in Großvaters Zigeunerwagen feierte, und der Morgen danach, als
mein Großvater mein zerdrücktes, unleidliches Gesicht entdeckte
und uns unter dröhnendem Gelächter Toast mit Marmelade machte. Er starb im darauf folgenden November, und die Erinnerung an
dieses Frühstück ist mir teuer und unvergesslich. Dann die Suppe,
die man kocht, wenn jemand untröstlich ist, eine Brühe, schmackhaft, aber glasklar. Die langen faulen Frühstücke der frisch Verlieb-
ten, bei denen die vorherrschende Empfindung nicht der Geschmack
ist, sondern das Gefühl, dass das eigene Herz jeden Moment zer-
springt. Dann das unordentliche, von einem Kind gedeckte Tablett
mit lauwarmem Tee und verbranntem bitterem Toast, das mit
herzzerreißendem Ernst ans Bett getragen wird und einen zu der
Behauptung veranlasst: »Das war der beste Toast meines Lebens.«

Ich erinnere mich an ein Picknick mit dem Mann, den ich liebe,
auf dem Fußboden eines neuen Hauses ohne Möbel und Wein aus
Kaffeetassen, an ein Geburtstagsessen, das nur aus Lieblings-
speisen des Feiernden bestand, an das Mittagessen, bei dem sich
die Wehen ankündigten. Dies sind doch die raren und kostbaren
Momente inmitten des ganzen Durcheinanders.

Erinnern Sie sich all dessen, wenn Sie kochen und essen, und
freuen Sie sich daran. Und wenn Sie dann noch Zeit finden, so
schicken Sie mir eine Karte. Nur fragen Sie mich bitte nicht: »Wie
kriege ich einen Waschbrettbauch?« Weil ich darauf genau das
antworten werde, was ich auch jetzt sage: »Ich habe nicht die lei-
seste Ahnung, meine Liebe, und auch keine Lust, es herauszu-
finden.«

Frohes Genießen.

Sommer
Frühstück

Gebackene Zimt-Pfirsiche mit Vanillejoghurt

Backen hat die gleiche magische kulinarische Wirkung wie Einweichen. Was zuvor schon ein wenig vertrocknet und welk aussah, wird durch ein bisschen Butter und unter dem feurigen Blick des Ofens plötzlich wieder ansehnlich und schmackhaft.

Den Ofen auf 230 °C (Umluft 210 °C) vorheizen. Die Pfirsiche waschen und halbieren, die Steine entfernen und in eine kleine Auflaufform setzen. Jede Pfirsichhälfte mit etwas Zimt und Rohrzucker bestreuen, Butterflöckchen daraufsetzen oder mit Öl beträufeln. Etwa 10 Minuten backen.

Während die Pfirsiche im Ofen sind, den Joghurt mit Vanilleextrakt und Agavensirup oder Honig vermischen.

Servieren Sie die Pfirsiche mit Joghurt übergossen in Schalen und garnieren Sie mit etwas frischer Minze, wenn Ihnen danach ist.

FÜR 2 GEFRÄSSIGE PERSONEN

4 Pfirsiche, reif, aber fest
1 TL Zimt
1 EL Rohrzucker
1 EL Butter oder Sonnenblumenöl
500 ml fettarmer griechischer Joghurt
1 TL Vanilleextrakt
1 EL Agavensirup oder Honig
Frische Minzeblätter (optional)

schmeckt wie ein Milchshake und ist dazu noch sehr gesund

Heidelbeer-Erdbeer-Smoothie

FÜR 2 PERSONEN
155 g Tiefkühl-Heidel-
   beeren
200 g Tiefkühl-Erd-
   beeren
1 Messlöffel Eiweiß-
   pulver (ich ver-
   wende Schokoladen-
   geschmack)
250 ml ungesüßte Soja-
   milch
Agavensirup oder Honig
   zum Abschmecken,
   falls nötig
Erdnussbutter (optional)

Obwohl er so viele gesunde Dinge enthält, hat er etwas von einem Milchshake. Der Smoothie ist überraschend sättigend und hält Sie stundenlang in Schwung.

Alles in den Mixer werfen und pürieren. Falls man es dünnflüssiger wünscht, etwas Wasser hinzufügen. Ich mag Smoothies, die dick wie Milchshakes sind. Schmeckt auch absolut göttlich, wenn man einen Löffel Erdnussbutter hineinmixt.

Kalte Frittata mit Ziegenkäse und Zucchini

Frittata ist eines meiner Lieblingsgerichte – man kann praktisch alles dafür verwenden, und sie schmeckt kalt ebenso gut wie warm. Sie können sie auch im Voraus zubereiten und dann bei einem Essen im Freien auf den Tisch zaubern.

1 EL des Olivenöls in einer Pfanne erhitzen und die Zucchinischeiben bei niedriger Temperatur etwa 10 Minuten garen. Mit Salz und Pfeffer würzen und beiseite stellen.

Die Eier mit einer Prise Salz verschlagen und das restliche Öl in einer kleinen beschichteten Pfanne erhitzen. Eier, Zucchini und Ziegenkäse hineingeben und garen, bis die Unterseite leicht gebräunt ist. Mit einem breiten Spatel behutsam wenden, um auch die andere Seite zu bräunen. In der Mitte durchschneiden und lauwarm servieren.

FÜR 2 PERSONEN

2 kleine Zucchini, in dünne Scheiben geschnitten
2 EL Olivenöl
Salz und Pfeffer
4 Eier
1 Handvoll Ziegenkäse, zerkrümelt

Rührei mit Brunnenkresse und Räucherlachs

FÜR 2 PERSONEN
1 kleiner Bund Brunnen-
   kresse
4 Eier
Olivenöl
Salz und Pfeffer
4 Scheiben Räucherlachs

Diese Eier erinnern mich an Sommerfrühstücke im Claridge's Hotel in London. Wahrscheinlich servieren sie sie dort mit weißer Tischwäsche und wesentlich mehr Aplomb als ich.

Falls Sie Amerikas bester Hausfrau Martha Stewart nacheifern wollen, können Sie aus dem Lachs auch Röllchen formen und die mit dem Rührei füllen …

Die Brunnenkresse waschen und putzen. Die Eier mit Salz und Pfeffer verschlagen und nicht allzu lange – wie Sie ja bereits wissen (siehe S. 164) – in der Pfanne rühren. Dann die Lachs-röllchen füllen oder neben den Lachs geben, falls es Ihnen wider-strebt, Ihr Essen nach Vorschrift zu arrangieren. Die Brunnen-kresse können Sie dann entweder um die Eier herum- oder obendrauf legen.

Frühstücks-Burrito

FÜR 2 PERSONEN

1 EL Olivenöl

2 Frühlingszwiebeln,
nur die weißen Teile,
oder Schalotten, fein
gehackt

1 TL getrockneter roter
Chili

90 g Tomaten, gehackt

4 Eier

50 g Cheddar oder ähn-
licher Käse, gerieben

2 Tortillas

Etwas frisch gehackte
Petersilie

Burritos habe ich in Kalifornien entdeckt und liebe
sie nach wie vor. Wie Frittata kann man sie mit allem
füllen, was man gerade zur Hand hat: Zwiebeln,
Spinat, Ziegenkäse … Die Liste ist endlos.

Zuerst das Olivenöl in einer Pfanne erhitzen. Die Frühlings-
zwiebeln/Schalotten, Chili und Tomaten hinzufügen und einige
Minuten rühren. Von der Kochstelle nehmen und beiseite stellen. Das Rührei zubereiten und in letzter Minute den Käse darüberstreuen. Die Chili-Tomaten-Mischung unterziehen und
abschmecken.

In einer beschichteten Pfanne nacheinander die Tortillas erwärmen – etwa 30 Sekunden von jeder Seite. Auf einen Teller
legen, die Eimischung mit der Petersilie daraufgeben und auf-
rollen.

Selbstgemachtes Müsli mit Erdbeerjoghurt

Müsli ist ein Grundnahrungsmittel, das man stets vorrätig haben sollte. Sie können nach Belieben andere Trockenfrüchte und Zerealien hinzufügen.

Alle trockenen Zutaten gut vermischen. Das Wasser unterrühren und eine Stunde (oder über Nacht) stehen lassen. Den Joghurt mit den Erdbeeren und 1 TL Honig oder Agavensirup in den Mixer geben. Pürieren. Das Müsli mit einem großen Klacks Joghurt servieren.

Man kann es auch mit Milch oder Wasser gekocht wie ein Porridge warm verzehren.

FÜR 2 PERSONEN

100 g Haferflocken
50 g Dinkelflocken
25 g Sonnenblumenkerne
25 g Mandelblättchen
½ TL Zimt
1 kleine Handvoll getrocknete Feigen, getrocknete Äpfel und Rosinen, fein gehackt
250 ml Wasser
250 ml Naturjoghurt
50 g reife Erdbeeren
Honig oder Agavensirup, nach Geschmack

Sommer
Mittagessen

Avocadosuppe

Und noch ein leichtes Mixer-Rezept. Vielleicht sollte man dieses Buch ja umbenennen in »Mixen mit Sophie Dahl« ... Na ja, lieber doch nicht.

Avocados schälen und die Steine entfernen. Dann Apfel, Avocados, Joghurt, Chili und Limettensaft in den Mixer geben.

Fond oder Brühe erwärmen, um das Aroma freizusetzen. Dann zu den anderen Zutaten in den Mixer geben und pürieren, bis man eine schöne, samtig glatte grüne Suppe erhält. Einige Stunden in den Kühlschrank stellen und vor dem Servieren mit etwas gehacktem Koriander bestreuen.

FÜR 2 PERSONEN

2 reife Avocados

1 Apfel, Kernhaus entfernt, geschält und in große Stücke geschnitten

250 ml Naturjoghurt (in diesem Fall vollfetten Joghurt verwenden)

1 TL getrockneter roter Chili

Saft von ½ Limette

500 ml Hühnerfond oder Gemüsebrühe

Frisch gehackter Koriander zum Servieren

Quinoa-Salat mit Tahini-Dressing

FÜR 2 PERSONEN

500 ml Gemüsebrühe
   oder Hühnerfond
180 g Quinoa
½ geschälte Gurke, in
   kleine Stückchen ge-
   schnitten
2 Frühlingszwiebeln
   oder Schalotten, fein
   gehackt
1 Eiertomate, fein
   gehackt
1 rote Paprikaschote,
   Kerne entfernt und
   fein gehackt
Frische Minzeblätter zum
   Garnieren (optional)

Für das Dressing
etwa 4 EL Olivenöl
Saft von 1 Zitrone
2 EL Tamari (weizenfreie
   Sojasauce)
2 EL Tahini (Sesampaste)
½ Knoblauchzehe,
   geschält und gehackt
Honig (optional)

Noch einmal das uralte Getreide. Tahini wiederum könnte ich pur essen, direkt aus dem Glas. Auch auf Toast schmeckt es wirklich köstlich.

Die Brühe zum Kochen bringen, Quinoa dazugeben, abdecken und 10−15 Minuten köcheln lassen.

Für das Dressing alle Zutaten in den Mixer geben und eventuell mit etwas Honig abschmecken.

Sobald das Quinoa fertig ist, etwas auflockern, das Gemüse dazugeben, mit dem Dressing übergießen und eventuell noch einige Minzeblätter darüberstreuen. Wahrscheinlich benötigt man nicht das gesamte Dressing; in einem verschlossenen Marmeladenglas hält es sich im Kühlschrank bis zu einer Woche.

Rote-Bete-Suppe

Obwohl sie die Unkompliziertheit in Person ist, wirkt Rote-Bete-Suppe immer ungeheuer aufwändig. Vielleicht ist es ja die Farbe oder ihre schwere dunkelrote Erdigkeit. Für mich ist es Norwegen in einem Suppenteller.

Rote Bete waschen und Stängel- und Wurzelansätze abschneiden.

Die Frühlingszwiebel mit etwas Olivenöl bei schwacher Hitze in einem Topf glasig schwitzen. Dann die Brühe dazugießen und langsam erwärmen.

In einem zweiten Topf die Rote Bete mit Wasser bedecken, zum Kochen bringen, dann die Hitze reduzieren und in etwa 30 Minuten weich kochen. Abgießen, und sobald sie genügend abgekühlt sind, schälen und in grobe Stücke schneiden.

Die Rote Bete mit der Frühlingszwiebelbrühe in den Mixer geben und sämig pürieren. Einen Schuss Wodka, Zitronensaft und Crème fraîche dazugeben, abschmecken und noch einmal kurz mixen.

Man kann die Suppe heiß oder kalt servieren. In jedem Fall sollte man sie stets mit gehacktem Dill bestreuen, einen Wirbel Crème fraîche hineinrühren und, falls man es mag, auch etwas gehacktes, hart gekochtes Ei darübergeben.

FÜR 4 PERSONEN

5 mittelgroße Rote Bete, gewaschen, aber nicht geschält

5 Frühlingszwiebeln, nur die weißen Teile, oder Schalotten

Olivenöl

1,5 l Gemüsebrühe oder Hühnerfond

1 Schuss Wodka

Saft von ½ Zitrone

2 EL Crème fraîche sowie etwas mehr zum Servieren

Salz und Pfeffer

1 gute Handvoll frisch gehackter Dill

Gehacktes, hart gekochtes Ei zum Servieren (optional)

Erbsensuppe

FÜR 2–4 PERSONEN

Olivenöl

3 Frühlingszwiebeln oder
  Schalotten, gehackt

450 g Tiefkühlerbsen

1 l Gemüsebrühe oder
  Hühnerfond

1 großzügige Handvoll
  frische Minze, gehackt,
  sowie etwas mehr zum
  Garnieren

Salz und Pfeffer

1 EL Crème fraîche

Englischer geht es nicht. Erinnert mich an Wimbledon und faule Nachmittage.

In einem mittelgroßen Topf 1 EL Olivenöl erhitzen und die Frühlingszwiebeln/Schalotten etwa 3 Minuten darin anschwitzen. Erbsen hinzufügen und rühren, so dass sie mit Öl überzogen sind. Brühe und Minze dazugeben und etwa 10–15 Minuten kochen. In einen Mixer geben und – falls er nicht groß genug ist – in mehreren Portionen pürieren.

Kühlen, abschmecken und Crème fraîche in einem Wirbel unterziehen. Mit etwas gehackter Minze bestreut servieren.

Sommerkürbis mit Tomatensauce und Pinienkernen

Das hier ist ein recht gehaltvolles Mittagessen. Man kann durchaus kreativ sein bei dem, was man hinein- und daraufgibt. Zerkrümelter Ziegenkäse oder ein paar Parmesanspäne würden mit Sicherheit hervorragend dazu passen.

Zuerst die Sauce zubereiten. Ein wenig Öl erhitzen, Zwiebel und Knoblauch einige Minuten darin anschwitzen, dann Sellerie und Pilze hinzufügen. Die Tomaten hineinschütten und bei schwacher Hitze etwa 15 Minuten köcheln lassen. Sie können auch eine Prise Rohrzucker und einen Hauch Salz und Pfeffer hinzufügen – einfach probieren!

Den Sommerkürbis sehr grob raspeln. In einer beschichteten Pfanne etwas Öl erhitzen, den Kürbis hineingeben und etwa 7 Minuten anbraten. Wenn er zu bräunen beginnt, kann man ein wenig Brühe zugießen statt noch mehr Öl – er soll eine schöne hellgelbe Farbe behalten.

Mit Tomatensauce, Parmesan und Pinienkernen sowie etwas gehacktem Basilikum und gehackter Petersilie wie Spaghetti servieren.

FÜR 2 PERSONEN

1 Sommerkürbis
Etwas Gemüsebrühe (optional)
50 g Parmesan, gerieben
1 großzügige Handvoll Pinienkerne, geröstet
Frisch gehacktes Basilikum und Petersilie zum Servieren

Für die Sauce
Olivenöl
½ Zwiebel, gehackt
1 Knoblauchzehe, geschält und gehackt
1 Stange Staudensellerie, gehackt
100 g Pilze, gehackt
1 Dose stückige Tomaten à 400 g, abgetropft
Rohrzucker und Salz und Pfeffer (optional)

Salade Niçoise ohne Sardellen und Kartoffeln

FÜR 2 PERSONEN

2 Eier

110 g grüne Bohnen

Knackiger Romana-
Salat – fünf Blätter
pro Person, in mund-
gerechte Stücke ge-
zupft

150 g schwarze entsteinte
Oliven

1 Dose guter Thunfisch
à 185 g – auf italie-
nische Art in Öl

Für das Dressing

1 knapper TL Pommery-
Senf

½ Knoblauchzehe, ge-
schält und zerdrückt

1 EL guter Balsamico-
Essig

3 EL Olivenöl

Das einzig Vorschriftsmäßige an diesem Salat ist, dass ich Thunfisch aus der Dose verwende! Mit Sardellen verbindet mich eine Hassliebe. Eigentlich habe ich ja nichts gegen sie, ich kann nur ihren Anblick nicht ertragen. Deswegen fehlen sie in diesem Rezept. Die Kartoffeln sind nicht dabei, weil ich sie neben all den anderen Zutaten einfach zu sättigend finde. Aber nehmen Sie sie und die Sardellen ruhig wieder in den Salat auf, falls meine Streichungen Sie irritieren.

Die Eier in etwa 8 Minuten hartkochen, dann abgießen und in kaltem Wasser abschrecken. Nach dem Abkühlen schälen. Die grünen Bohnen 1 Minute in kochendem Wasser blanchieren – sie sollen noch knackig sein.

In einer Schüssel den Salat anrichten. Oliven, grüne Bohnen, hart gekochte Eier in Vierteln und den abgetropften Thunfisch hinzufügen. Das Dressing mischen und über den Salat gießen.

Fischfrikadellen

Diese Frikadellen habe ich mir ausgedacht, weil ich die panierten im Sommer zu schwer finde. Die hier sind nicht frittiert und schwer und mehlig, sondern sehr leicht. Ich habe sie statt mit Semmelbröseln mit etwas Mayonnaise gebunden, so dass man nach dem Essen nicht das Gefühl hat, stundenlang schlafen zu müssen. Außer natürlich, Sie haben reichlich Rosé dazu genossen.

Alle Zutaten bis auf Ei und Öl vermischen. Die Lachsmischung zu runden Küchlein formen. Das Ei verschlagen und die Frikadellen mit Hilfe eines Pinsels oder den Fingern damit bestreichen.

In einer Bratpfanne 1 EL des Olivenöls erhitzen und die Küchlein etwa 3 Minuten von jeder Seite braten, bis sie goldbraun und knusprig sind. Mit gegrillten Zucchini oder einem großen Spinatsalat servieren.

FÜR 2 PERSONEN

450 g pochierter Lachs, zerpflückt

1 EL selbstgemachte oder gute fertige Mayonnaise

1 TL Senf

1 kleine Handvoll frische Petersilie und Dill, gehackt

1 Ei

1 EL Olivenöl

Sommer
Abendessen

Linguine mit Tomaten, Zitrone, Chili und Krebsfleisch

FÜR 2 PERSONEN

75 g Kirschtomaten

Meersalz

1 Knoblauchzehe, geschält

½ rote Chilischote, Samen entfernt und fein gehackt

3 EL Olivenöl

Saft und abgeriebene Schale von 1 unbehandelten Zitrone

170 g gekochtes Krebsfleisch – weiß und braun

180 g Weizenvollkorn- oder Dinkellinguine

Frisch gehackte Petersilie

Geklaut, geklaut, geklaut – dieses Rezept (und sämtliche Abwandlungen davon) hat nahezu jede sommerliche Speisekarte geschmückt, aber zuerst und am besten im großartigen River Café in London. Aber ach, es ist wirklich gut, und man kann nicht genug davon bekommen – jeder Bissen davon schmeckt nach Sommer. Wenn es ein gutes Sommer-Pastagericht in Ihrem Repertoire geben soll, dann muss es dieses sein.

Die Tomaten halbieren und mit ein wenig Meersalz bestreuen. In einem Mörser Knoblauch und Chili zu einer roten Paste zerstoßen. Olivenöl, Zitronensaft und -schale untermischen. Das Krebsfleisch zu den Zutaten in den Mörser geben, falls dieser groß genug ist, wenn nicht, alles in eine etwas größere Schüssel umfüllen.

Die Pasta *al dente* kochen. Abgießen, Krebsfleischmischung und Tomaten darübergeben und mit Petersilie bestreuen. Essen.

Warme Ratatouille

FÜR 4 PERSONEN

2 Auberginen, in Würfel
  geschnitten
2 Zucchini, in Würfel
  geschnitten
etwa 4 EL Olivenöl
2 Zwiebeln, in feine
  Scheiben geschnitten
2 Knoblauchzehen,
  geschält und gehackt
½ TL Koriandersamen,
  zerstoßen
2 rote Paprikaschoten,
  Kerne entfernt und
  grob gehackt
4 große Tomaten,
  geschält, Samen ent-
  fernt *oder* 1 Dose
  geschälte Tomaten
  à 400 g
Salz und Pfeffer
1 große Handvoll frisch
  gehackter Koriander

Ich liebe die Wissenschaft des Ratatouille-Zuberei-
tens. Das allmähliche Hinzufügen von Zutaten wird
dabei zum Ritual. Häufig stelle ich fest, dass es am
nächsten Tag, nach einer Nacht im Kühlschrank,
sogar noch besser schmeckt. Ich mag es mit reichlich
Koriander.

Auberginen und Zucchini mit etwas Salz bestreuen und für etwa
1 Stunde in ein Sieb geben. Danach abspülen und trockentupfen.
1 EL des Öls in einer Pfanne erhitzen und die Gemüse auf beiden Seiten anbräunen. Beiseite stellen.

In einem schweren Topf oder einer Kasserolle den Rest des Öls
erhitzen und Zwiebeln, Knoblauch und zerstoßene Koriandersamen bei niedriger Temperatur etwa 4 Minuten anschwitzen.
Die Paprika hinzufügen und bei schwacher Hitze noch einmal
etwa 10 Minuten garen. Die Tomaten dazugießen und 15 Minuten weiterköcheln lassen. Schließlich die angebratenen Zucchini
und Auberginen zugeben und abschmecken.

Mit reichlich gehacktem Koriander bestreuen und warm servieren.

Hähnchen und Fenchel gratiniert

Noch mehr herrlicher Fenchel – den Sie mit einem knackigen grünen Salat und einem Glas Meursault servieren sollten.

Den Ofen auf 190 °C (Umluft 170 °C) vorheizen. Einen mittelgroßen Bräter gleichmäßig mit dem Olivenöl einfetten.

Die Fenchelknollen im Ganzen 5 Minuten lang in sprudelndem Wasser kochen. Abgießen, in Scheiben schneiden und den Boden des Bräters damit auslegen. Die Hähnchenbrüste daraufsetzen und mit Salz und Pfeffer bestreuen. Béchamelsauce darübergießen, mit Parmesan bestreuen und etwa 30–40 Minuten backen, bis die Sauce oben goldbraun geworden ist und Blasen wirft. Wer will, kann etwas Petersilie oder Estragon hacken und vor dem Servieren darüberstreuen.

FÜR 4 PERSONEN

Olivenöl

2 große Fenchelknollen, geputzt und gewaschen

4 Hähnchenbrüste, enthäutet

Salz und Pfeffer

750 ml Béchamelsauce (siehe Rezept Überbackener Blumenkohl, S. 130)

50 g Parmesan, gerieben

Frisch gehackte Petersilie oder Estragon zum Servieren (optional)

Kokosnuss-Curry mit Garnelen

Dieses Rezept verlangt förmlich nach einem Garten, Teelichtern, einer duftenden Spätsommernacht. Wenn man das nicht haben kann, tun es auch eine Kerze, Freunde und eine Picknickdecke auf dem Küchenfußboden.

In einem großen Topf das Öl erhitzen und Zwiebel und Knoblauch kurz darin anschwitzen. Chili und Currypulver dazugeben und einige Minuten bei schwacher Hitze weiterbraten. Die Garnelen hinzufügen und mit der Kokosmilch aufgießen. 10 Minuten köcheln lassen. Den Limettensaft und die Kokosraspel unterrühren. Probieren, abschmecken und vor dem Servieren mit reichlich Koriander bestreuen.

FÜR 2–3 PERSONEN

1 EL Erdnuss- oder Distelöl

½ Zwiebel, gehackt

1 Knoblauchzehe, geschält und gehackt

½ grüne Chilischote, Samen entfernt und gehackt

1 TL Currypulver

350 g rohe Garnelen, geschält

400 ml fettreduzierte Kokosmilch aus der Dose

Saft von 3 Limetten

1 EL Kokosraspeln

Salz und Pfeffer

1 großzügige Handvoll frisch gehackter Koriander

Gegrilltes Gemüse
mit Halloumi

FÜR 2 PERSONEN
1 große Zucchini
Salz
1 mittelgroße Aubergine
2 EL Olivenöl
Saft von ½ Zitrone
Gemahlener Kreuz-
    kümmel zum Be-
    stäuben
½ Päckchen Halloumi,
    in dünne Scheiben
    geschnitten

Gesegnet sei der Halloumi! Ich war mit meiner hochschwangeren Schwester Clover in einem griechischen Restaurant in Los Angeles, wo man uns eine zischende Halloumi-Pfanne vorsetzte. Als am nächsten Tag die Wehen bei ihr einsetzten, rief sie mich aus dem Krankenhaus an. »Weißt du noch, dieser Käse?«, fragte sie. »Na ja, ich muss einfach ständig daran denken …« Ich verstand sie.

Das Gemüse längs in dünne Scheiben schneiden. Die Auberginen salzen und für etwa 30 Minuten in ein Sieb geben, dann abspülen und trockentupfen.

Den Grill vorheizen. Das Olivenöl mit dem Zitronensaft vermischen. Das Gemüse leicht mit dem Kreuzkümmel bestäuben und von beiden Seiten einige Minuten unter den heißen Grill schieben. Sobald das Gemüse ein wenig Farbe hat, herausnehmen und den Halloumi darauf verteilen, dann erneut unter den Grill, bis der Käse weich und goldbraun geworden ist.

Lachs auf der Zedern-planke gegrillt

FÜR 4 PERSONEN
1 kg Lachs vom Schwanz-
ende, mit Haut
Olivenöl
Salz und Pfeffer

Ich schwärme für dieses Rezept, weil man damit wirklich etwas hermachen kann. Solchen Lachs gab es bei meiner Tante Lucy, als ich sie das letzte Mal in Los Angeles besuchte. In L. A. kann man Zedern-bretter zum Grillen im Lebensmittelladen kaufen. Hier könnte man es vielleicht im Baumarkt oder beim Schreiner probieren. Man benötigt ein Zedern-brett, das etwa 30 x 15 cm misst. So zubereitet, wird der Lachs ganz zart, mild und rauchig – ein wahres Wunder.

Am wichtigsten ist zunächst einmal, dass man das Brett 2 Stun-den in kaltem Wasser einweicht. Beschweren, damit es auch wirklich völlig unter Wasser ist.

Den Lachs mit Olivenöl, Salz und Pfeffer einreiben. Den Kugel-grill anheizen und, sobald er glüht, überschüssiges Wasser vom Zedernbrett wischen und den Lachs mit der Hautseite nach un-ten darauflegen. Auf den Grill legen und den Deckel schließen.

Das Brett entzündet sich, allerdings ganz langsam und sachte – haben Sie keine Angst, das muss so sein! Es sollte etwa 10–15 Minuten dauern, bis es so weit ist. Wenn dann das ganze Brett leicht Feuer gefangen hat, den Grill ausschalten, falls es sich um einen Gas- oder Elektrogrill handelt. Bei einem Holzkohlegrill das Brett sehr, sehr vorsichtig mit einer langen Grillzange herausnehmen.

Das brennende Brett auf ein großes Backblech legen. Den Lachs mit etwas gegrilltem Spargel, einem großen Salat und warmen neuen Kartoffeln in Olivenöl und Schnittlauch servieren.

Wildreis-Risotto

Davon bin ich praktisch groß geworden, und als ich mit elf kein Fleisch mehr essen wollte, war dieses Rezept die Rettung. »Was sollen wir Sophie denn zu essen geben?«, wurde damals gejammert. »Oh, gebt ihr einfach Risotto.« Das taten sie, und ich lernte, es zu kochen. Auch kalt schmeckt es hervorragend. Wenn man es über Nacht in eine gefettete runde Form gibt und am nächsten Tag stürzt, sieht es fantastisch aus.

Zuerst den Wildreis nach Anweisung kochen (Reis mit der doppelten Menge Wasser etwa 40 Minuten in Salzwasser kochen). Abgießen.

In einem großen Topf 2 EL Olivenöl erhitzen und Schalotten, Knoblauch und Lauch etwa 4 Minuten leicht anschwitzen. Zucchini, Möhre und Pilze hinzufügen und einige Minuten mitbraten. Den Naturreis dazugeben und rühren, so dass er mit Öl überzogen ist (wenn nötig, noch etwas Öl hinzufügen).

Ein wenig von der warmen Brühe angießen und rühren, bis der Reis sie aufgenommen hat. Nebenbei einen Fingerhut Wein oder Pernod zugießen. Weiter rühren und – etwa 35 Minuten – weiter Brühe dazugießen, bis der Reis gar und alle Brühe aufgesogen ist.

Den Wildreis und einen weiteren Löffel Olivenöl hinzufügen. Gehackte Petersilie, gehackten Koriander und die Mandeln dazugeben. Ein letztes Mal umrühren und servieren.

FÜR 4 PERSONEN

80 g Wildreis
Salz
Olivenöl
2 Schalotten, fein gehackt
1 Knoblauchzehe, geschält und zerdrückt
1 Lauchstange, nur der weiße Teil, gehackt
1 Zucchini, grob geraspelt
1 Möhre, grob geraspelt
100 g Mischpilze, in feine Scheiben geschnitten
400 g Naturreis
1,5 l Gemüsebrühe, erwärmt
1 Schuss Weißwein oder Pernod
1 Handvoll frisch gehackte Petersilie und frisch gehackter Koriander
50 g Mandelblättchen

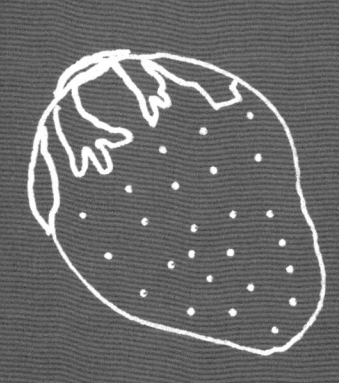

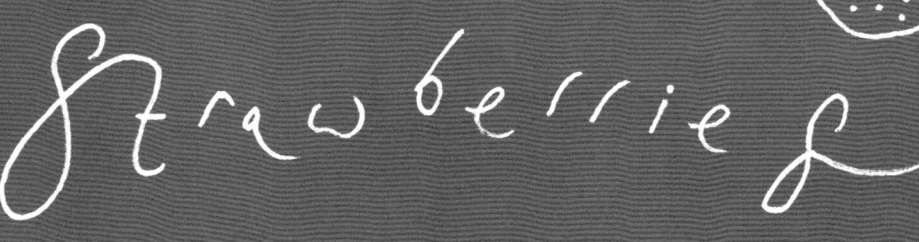

Strawberries

Dessert

Ingwer-Gebäck

Bratäpfel

Zitronen-Capri-Torte

Zitronenmousse

Clovers Wackelpudding

Brombeer-Apfel-Crumble

Schokoladenkuchen ohne Mehl

Kardamom-Milchreis

Holunderblüten-Götterspeise

Flapjacks (Hafergebäck)

Rhabarber-Mischmasch

Bananenbrot

Schokoladen-Kastanien-Soufflé-Kuchen

Orangenjoghurt und Polenta-Kuchen

Ingwer-Gebäck

ERGIBT 12 SCHNIT-
TEN

225 g Butter sowie etwas
   mehr für die Form
175 ml Melasse
175 ml Maissirup (kann
   durch Ahornsirup
   ersetzt werden)
200 g Rohrzucker
450 g Mehl (ich ver-
   wende, wie Sie wissen,
   Dinkelmehl, aber auch
   jedes andere Mehl ist
   geeignet)
350 g feines Hafermehl
1 TL Natron
1 EL gemahlener Ingwer
3 Eier, verschlagen

Dieses Gebäck lässt man nach dem Backen traditionell drei Tage bis eine Woche in einem luftdicht
verschließbaren Behälter ruhen, damit es schön
klebrig und feucht wird. Ein kleines Wunder!

Den Ofen auf 180 °C (Umluft 160 °C) vorheizen. Eine recht-
eckige Backform (ca. 30 x 23 cm) einfetten.

In einem schweren Topf Butter, Melasse, Maissirup und Zucker
bei niedriger Hitze zerlassen. Gut im Auge behalten, damit das
Ganze nicht zu heiß wird und verbrennt.

In einer großen Rührschüssel alle trockenen Zutaten vermischen,
dann behutsam die warme, karamellisierte Butter-Mischung hineinrühren, bis alles gründlich vermischt ist. Die verschlagenen
Eier unterziehen. In die Backform gießen und für etwa 45 Minuten in den Ofen schieben.

Nach dem Herausnehmen abkühlen lassen und anschließend in
einen luftdicht verschließbaren Behälter legen. Darauf achten,
dass das Gebäck dabei nicht zerbricht! Mindestens drei Tage
ruhen lassen und ihn dann selbstgefällig in all seiner saftigen
Herrlichkeit servieren.

Bratäpfel

Mit Bratäpfeln kann man irgendwie alles anstellen –
und sie dabei so bescheiden oder so üppig zubereiten,
wie man will. Hier eine gemäßigte Variante.

Den Ofen auf 180 °C (Umluft 160 °C) vorheizen.

Die Äpfel waschen und vorsichtig aushöhlen. Darauf achten,
dass Sie den Boden nicht durchstoßen. Butter, Zucker, Rosinen,
Walnüsse und Zimt vermischen und die Äpfel mit der Mischung
füllen. In eine mit heißem Wasser gefüllte Auflaufform setzen
und 40 Minuten backen.

Sie können von Joghurt über Mascarpone bis zu cremigem
Vanilleeis alles dazu servieren.

FÜR 4 PERSONEN

4 große Äpfel (z. B. Jona-
    gold)
1 EL Butter
50 g Rohrzucker
50 g Rosinen
30 g Walnüsse, gehackt
1 TL Zimt

so üppig oder bescheiden, wie Sie wollen

Zitronen-Capri-Torte

FÜR 6 PERSONEN

150 g Butter sowie etwas
mehr für die Form

225 g Zucker

6 Eier, getrennt

Abgeriebene Schale und
Saft von 4 unbehandel-
ten Zitronen

300 g Mandeln, blan-
chiert, geröstet, dann
gemahlen

115 g Kartoffelmehl
sowie etwas mehr für
die Form

Dieses Rezept habe ich von einem Taxifahrer aus
Sorrent, der leidenschaftlich gern kochte. Seine Frau
und seine Töchter flehten ihn an, es nicht zu tun,
erzählte er, weil er jedes Mal ein solches Chaos in
der Küche hinterließ.

Den Ofen auf 200 °C (Umluft 180 °C) vorheizen. Eine Springform von etwa 23 cm Durchmesser einfetten.

Butter und Zucker schaumig rühren, die Eigelbe auf einmal hinzufügen, dann abgeriebene Zitronenschale und -saft. In einer
zweiten Schüssel die Eiweiße schlagen, bis sie weiche Spitzen
bilden, und auf die Butter-Zucker-Eier-Mischung geben. Zuletzt die gemahlenen Mandeln und das Mehl daraufgeben und
vorsichtig unterheben. Die Masse in die Springform gießen und
10 Minuten backen, dann die Ofentemperatur auf 150 °C (Umluft 130 °C) reduzieren und weitere 40 Minuten backen. Den
Kuchen nach dem Abkühlen stürzen. Dann können Sie Ihrer
Fantasie freien Lauf lassen: Ich habe ihn einmal mit einer Mischung aus Crème fraîche und Lemon Curd bestrichen, das Sie
im Feinkostladen kaufen können.

Zitronenmousse

FÜR 4 PERSONEN

1 ½ TL Gelatine (ohne
  Geschmack)
Saft von 3 Zitronen
3 große Eier, getrennt
170 g Zucker
Abgeriebene Schale von
  1 unbehandelten Zi-
  trone
1 Prise Salz
250 ml Schlagsahne
1 Handvoll frische Minze,
  gehackt

Als ich ein kleines Mädchen war, war diese Mousse mein immer gleicher Wunsch für den Sonntagsnachtisch. Ich verwende dafür ein überliefertes Familienrezept, das im Kochbuch meines Großvaters und meiner Stiefgroßmutter, *Memories with Food at Gipsy House*, zu finden ist.

Die Gelatine in Zitronensaft im Wasserbad auflösen. Die Eigelbe mit der Hälfte des Zuckers schaumig schlagen, dann Gelatinemischung und Zitronenschale unterziehen. Die Eiweiße mit einer Prise Salz schlagen, bis sie weiche Spitzen bilden. In einer zweiten Schüssel die Schlagsahne sehr steif schlagen.

1 EL der Eiweiße unter die fast erstarrte Eigelbmischung ziehen, dann die Schlagsahne und die restlichen Eiweiße unterheben. In vier Auflaufförmchen oder eine große Schale gießen und mehrere Stunden in den Kühlschrank stellen. Mit gehackter Minze bestreuen und servieren.

Clovers Wackelpudding

Noch ein Wackelpudding-Rezept – ich entschuldige mich. Aber dieses Rezept erinnert mich einfach so sehr an alles Schöne aus meiner Kindheit, einschließlich meiner Schwester Clover, die diesen Nachtisch schüsselweise verschlang. Ich hoffe, das Dessert-Gen hat sich auch auf meinen Neffen Finlay vererbt, so dass wir es bald Tradition nennen können. Kinder lieben es.

Das Götterspeise-Pulver in heißem Wasser auflösen. Sobald die Mischung abgekühlt ist, die Kondensmilch unterrühren, bis das Ganze dick und schaumig ist. Etwa 2 Stunden lang erstarren lassen. Verzieren Sie den Wackelpudding nach Belieben mit Erdbeerscheiben, Sahnetupfen und Schokoladenlocken, denn je sahnetortenmäßiger, umso besser.

FÜR 4 PERSONEN

1 Päckchen Wackelpudding – Erdbeergeschmack eignet sich besonders gut
125 ml heißes Wasser
1 Dose Kondensmilch
Erdbeerscheiben, Schlagsahne und Schokoladenlocken zum Verzieren (optional)

Brombeer-Apfel-Crumble

Jeder sollte wissen, wie man einen Crumble backt – ein echter Klassiker, bei dem sich kaum etwas falsch machen lässt. Er tröstet sozusagen von innen und erfüllt uns so mit jenem wunderbar zufriedenen Kindheitsgefühl. Anstelle der angegebenen Früchte kann man auch jedes beliebige andere Obst verwenden, wie etwa Himbeeren, Rhabarber, Schwarzkirschen, Heidelbeeren, Aprikosen – sogar eine Backpflaumen-Armagnac-Version wäre denkbar, wenn Sie es ein bisschen gewagter mögen.

Den Ofen auf 200 °C (Umluft 180 °C) vorheizen.

Mehl, Haferflocken und Butter im Mixer oder mit den Fingern in einer Rührschüssel vermischen. Es sollte wie Streusel aussehen. Ob so oder so, sobald diese Konsistenz erreicht ist, den Rohrzucker untermischen. Die Brombeeren und Äpfel in kleine feuerfeste Förmchen oder eine Muffinform geben, die zusätzliche Butter in Flöckchen daraufsetzen und den restlichen Zucker darüberstreuen. Das Obst mit den Streuseln bedecken und im Ofen etwa ½ Stunde backen, bis das Obst aufkocht und der Streuselbelag schön goldbraun geworden ist.

Mit Vanillesauce oder Crème fraîche servieren.

FÜR 6 PERSONEN

115 g Mehl nach Wahl (ich verwende Dinkelmehl)

50 g kernige Haferflocken

100 g Butter sowie 1 EL für die Früchte

50 g Rohrzucker sowie 2 EL zum Bestreuen der Früchte

225 g Brombeeren (frisch oder gefroren)

225 g Äpfel, Kerngehäuse entfernt und gerieben

Schokoladenkuchen ohne Mehl

FÜR 6 PERSONEN

Butter für die Form

300 g Blockschokolade
   (oder 150 g dunkle und
   150 g Milchschoko-
   lade), in Stücken sowie
   etwas mehr zum Gar-
   nieren

225 g Zucker

180 ml kochendes Wasser

225 g gesalzene Butter, in
   Würfel geschnitten

6 Eier, getrennt

1 TL Instant-Kaffee-
   pulver

1 EL Vanilleextrakt

Für den Belag

125 g Himbeeren, ganz

125 g Erdbeeren, gevier-
   telt

200 ml Crème fraîche

Das ist die Mutter aller Schokoladenkuchen. Er ist unglaublich köstlich und schmeckt kalt aus dem Kühlschrank und mit Crème fraîche bedeckt einfach fantastisch. Essen Sie ihn, wie Sie wollen. Ich widme ihn mit lieben Grüßen Ben, einem Gefährten im Geiste.

Den Boden einer quadratischen Form von 20 cm Kantenlänge oder einer Springform von etwa 23 cm Durchmesser einfetten oder mit Backpapier auslegen. Den Ofen auf 180 °C (Umluft 160 °C) vorheizen.

In einer großen Küchenmaschine (oder portionsweise) nacheinander Schokolade und Zucker fein zerkleinern. Das kochende Wasser, Butter, Eigelbe, Kaffeepulver und Vanilleextrakt hinzufügen. In einer Glasschüssel die Eiweiße steif schlagen und mit in die Küchenmaschine geben. Etwa 10 Sekunden unterrühren. Die Masse in die vorbereitete Kuchenform gießen und für etwa 45–55 Minuten in den heißen Ofen stellen, bis die Oberseite zerklüftet ist wie eine Wüstenlandschaft.

Nachdem man den Kuchen aus dem Ofen genommen hat, fällt er ein wenig in sich zusammen. Das ist normal, er braucht nicht so ein toller hoch aufragender Kuchen zu sein, er soll ruhig ein wenig hausgemacht und nicht ganz so perfekt wirken. Die Crème fraîche und die Beeren decken all die Dellen und Risse sowieso zu!

Den Kuchen abkühlen lassen, dann ein paar Stunden lang in den Kühlschrank stellen. Vor dem Servieren aus der Form nehmen und mit Himbeeren, Erdbeeren und Crème fraîche überhäufen.

Mein absoluter Lieblingskuchen!

Kardamom-Milchreis

FÜR 6–8 PERSONEN

1,4 l Milch Ihrer Wahl –
  ich verwende fettarme
  Milch
1 Zimtstange
300 g Basmatireis
1 EL Vanilleextrakt
8 Kardamomkapseln
100 g Zucker oder 175 ml
  Ahornsirup
80 g Rosinen
50 g Mandelblättchen

Ich liebe Milchreis über alles. Dieser hier ähnelt Risotto – insofern, als das Kochen eine Weile dauert. Dennoch ist es ein Kinderspiel. Ich mag ihn sowohl heiß als auch kalt – kalt schmeckt er köstlich mit einem Löffelchen Erdbeermarmelade.

Die Milch mit der Zimtstange in einen großen schweren Topf geben. Zum Kochen bringen und Reis und Vanilleextrakt einrühren. Bei sehr niedriger Temperatur etwa 30 Minuten köcheln und immer wieder umrühren, damit der Reis nicht anhaftet.

In einem Mörser die Kardamomkapseln zerstoßen und die Samen herauslösen. Die Kapseln wegwerfen und die zerstoßenen Samen zum Zucker geben. (Bei Verwendung von Ahornsirup anstelle von Zucker die Samen separat in den Reistopf geben.) Sobald der Reis wie ein breiiges milchiges Risotto wirkt, die Rosinen, Mandeln und den Kardamomzucker oder den Ahornsirup hinzufügen. Weitere 5–10 Minuten bei niedriger Temperatur köcheln lassen. Falls der Reis zu trocken wird, noch etwas Milch hinzufügen.

Holunderblüten-Götterspeise

Wunderbar leicht und am besten an einem Sommerabend im Garten zu genießen.

Zunächst das Gelatinepulver mit dem heißen Wasser vermischen. Den Holunderblütenlikör etwa im Verhältnis von 10 EL
auf 500 ml kaltes Wasser vermischen. Es sollte recht kräftig
schmecken – falls nötig, mehr Likör hinzugeben. Die aufgelöste
Gelatine in die Likörmischung rühren und dann in eine Servier-
schüssel gießen. Nun mindestens 2 Stunden im Kühlschrank fest
werden lassen und mit einem Klacks Schlagsahne und/oder
Shortbread servieren.

FÜR 4 PERSONEN
1 Päckchen Gelatine
   (ohne Geschmack)
125 ml heißes Wasser
10 EL Holunderblüten-
   likör
500 ml kaltes Wasser

am besten an einem Sommerabend
im Garten zu genießen

Flapjacks (Hafergebäck)

ERGIBT 12 SCHNIT-
TEN

Butter für die Form

175 g flüssiger Honig

1 EL Melasse

150 g Butter

175 g Haferflocken

1 TL Vanilleextrakt

Flapjacks bedeuten für mich Fackelzüge und Feuer am Guy-Fawkes-Day, rauchige Abende und Kinderpartys. Aber auch ein ganz privates Vergnügen, wenn ich es mir mit meinem Lieblingsbuch und klebrigen Fingern auf dem Sofa bequem mache. Genauso gut funktionieren sie aber auch bei eher förmlichen Zusammenkünften, wenn man als Gastgeberin Pluspunkte sammeln will.

Den Ofen auf 180 °C (Umluft 160 °C) vorheizen. Ein großes Backblech einfetten.

In einem schweren Topf bei niedriger Temperatur Honig, Melasse und Butter erhitzen, bis die Butter geschmolzen ist. Von der Kochstelle nehmen, Haferflocken und Vanille unterrühren und die Masse fest auf das Backblech drücken. In etwa 20–30 Minuten goldbraun backen. Das Gebäck kurz abkühlen lassen und in Quadrate schneiden, solange es warm ist. In einem luftdicht verschließbaren Behälter aufbewahren.

Rhabarber-Mischmasch

Dieser Rhabarber-Mischmasch ist ein durch und durch englisches Sommerdessert. Für mich ist es so etwas wie die Essenz aus trägen Kricketspielen, Rosen in voller Blüte und dem sauren Geschmack des Rhabarbers auf der Zungenspitze. Und das Schönste daran ist: Es ist tatsächlich ein üppiges, köstliches, sahniges Durcheinander und tut auch gar nicht so, als ob es etwas anderes sein will.

Zunächst die Baisers zubereiten. Den Ofen auf 140 °C (Umluft 120 °C) vorheizen. Ein großes Backblech mit Backpapier auslegen. In einer sehr sauberen Schüssel die Eiweiße schlagen, bis sich steife Spitzen bilden. Allmählich Zucker und Salz einrieseln lassen und kräftig schlagen, bis sich eine glänzende weiße Masse gebildet hat. Das dauert etwa 8 Minuten, und ein elektrisches Rührgerät wäre hier natürlich schon ein kleiner Segen.

Mit einem Löffel in großen Abständen jeweils einen Klacks der Eiweißmasse auf das Backblech geben. Eine Stunde backen.

Während die Baisers backen, das Rhabarberkompott zubereiten. Das Wasser mit dem Zucker aufkochen. Wenn es zu sprudeln beginnt, den Rhabarber hinzufügen. Unter Rühren etwa 5 Minuten köcheln lassen. Sobald der Rhabarber weich ist, von der Kochstelle nehmen. Das Rosenwasser hinzufügen und beiseite stellen.

Nun zu der Sache mit dem Mischmasch. Man kann dieses entweder in sechs hübschen Gläsern oder aber in einer großen Schüssel anrichten. Die Schlagsahne schlagen, bis sie weich und locker ist, dann mit dem Rhabarber und mit den Baisers vermengen. Man kann dabei auch eine gewisse Ordnung walten lassen, indem man die Zutaten etwa schichtet, oder aber völlig willkürlich vorgehen. Es schmeckt so oder so absolut köstlich. Wer will, kann es mit gerösteten Mandelblättchen bestreut servieren.

FÜR 6 PERSONEN

Für die Baisers
6 große Eiweiß
340 g Zucker
1 Prise Salz
Geröstete Mandelsplitter zum Servieren (optional)

Für das Kompott
125 ml kochendes Wasser
3 EL Zucker
450 g Rhabarber, in kurze Stücke geschnitten
1 TL Rosenwasser
500 ml Schlagsahne

Bananenbrot

FÜR 6 PERSONEN

75 g weiche Butter sowie
  etwas mehr für die
  Form und zum Ser-
  vieren

4 reife Bananen, zer-
  drückt

200 g Rohrzucker

1 Ei, verschlagen

1 EL Vanilleextrakt

1 TL Natron

1 Prise Salz

170 g Mehl (Dinkel oder
  was auch immer)

Während meiner Jahre in New York habe ich in den bitterkalten Wintern Bananenbrot gebacken, weil es einfach zu eisig war, um irgendetwas anderes zu tun. Warm aus dem Ofen und mit Butter bestrichen, ist es das pure Manna.

Den Ofen auf 180 °C (Umluft 160 °C) vorheizen. Eine 30 x 23 cm große Backform einfetten.

Die zerdrückten Bananen in eine Rührschüssel geben. Butter, Zucker, Ei und Vanilleextrakt unterrühren. Natron und Salz zugeben und zuletzt das Mehl. In die vorbereitete Form gießen. Eine Stunde backen, aus dem Ofen nehmen, abkühlen lassen und dann in Scheiben mit etwas Butter servieren.

Schokoladen-Kastanien-Soufflé-Kuchen

FÜR 6 PERSONEN
Butter für die Form
125 g Blockschokolade,
   klein gehackt
50 g ungesüßtes Kakao-
   pulver
170 g Zucker
125 ml kochendes Wasser
150 g Kastanienpüree
2 Eigelb
50 g Dinkelmehl
1 EL Rum
1 TL Vanilleextrakt
4 Eiweiß
¼ TL Weinstein-Back-
   pulver (Reformhaus)
½ TL Zitronensaft

Das ist ein Kuchen für Erwachsene. Die Kombination von Rum und Kastanien machen ihn zu einem dunklen ausschweifenden Genuss. Ideal für einen entsprechenden Anlass!

Den Ofen auf 180 °C (Umluft 160 °C) vorheizen. Den Boden einer Springform von etwa 23 cm Durchmesser einfetten oder mit Backpapier auslegen.

In einer großen Schüssel Schokolade, Kakaopulver und die Hälfte des Zuckers vermischen. Langsam das kochende Wasser hinzugießen und verquirlen, bis man eine glatte Masse erhält. Das Kastanienpüree, Eigelbe, Dinkelmehl, Rum und Vanilleextrakt unterrühren und beiseite stellen.

Die Eiweiße mit dem Weinstein-Backpulver und dem Zitronensaft in eine zweite Schüssel geben. Mit dem Rührgerät bei mittlerer Geschwindigkeit schlagen, bis sich weiche Spitzen bilden. Behutsam den restlichen Zucker einrieseln lassen und dann bei hoher Geschwindigkeit weiter schlagen, bis die Eiweiße steif sind. Ein Viertel dieser Mischung unter die Schokoladenmischung heben und glattrühren. Dann den Rest unterheben.

Die Masse in die Kuchenform gießen. 35 Minuten lang backen – und geben Sie auf keinen Fall der Versuchung nach, vor Ablauf dieser Zeit die Ofentür zu öffnen. Mit etwas kalter Vanillesauce servieren.

Orangenjoghurt und Polenta-Kuchen

Noch ein Sommerrezept.

Den Ofen auf 180 °C (Umluft 160 °C) vorheizen und den Boden einer Springform von etwa 23 cm Durchmesser einfetten oder mit Backpapier auslegen.

Butter und Zucker schaumig rühren und die Eier, eins nach dem anderen, unterschlagen. In einer separaten Schüssel das Mehl vermischen und zu den Eiern geben. Polenta, Mandeln, griechischen Joghurt, Honig, Orangensaft und Orangenschale unterrühren. In die vorbereitete Kuchenform gießen und etwa 45–60 Minuten backen. Nach 45 Minuten kontrollieren, ob der Kuchen gar ist, indem man mit einem Holzstäbchen in die Mitte des Kuchens sticht. Bleibt nichts daran haften, ist der Kuchen fertig. Wenn nicht, noch einige Minuten im Ofen lassen.

Sie können auch eine Mischung aus Puderzucker und Zitrone zubereiten und den Kuchen damit beträufeln – ich mag ihn lieber ohne.

Zitronen-Zucker

100 g Puderzucker in eine Schüssel geben und 3 EL Zitronensaft hineinrühren. Die Mischung über den Kuchen gießen, sobald er aus dem Ofen kommt.

FÜR 6 PERSONEN

100 g Butter sowie etwas
 mehr für die Form
225 g Zucker
3 Eier
50 g Dinkelmehl
50 g Mehl
1 Msp. Backpulver
130 g Polenta
50 g gemahlene Mandeln
80 ml vollfetter griechischer Joghurt
2 EL flüssiger Honig
4 EL Orangensaft
Fein geriebene Schale von
 2 Orangen

Danksagung

Zuerst und vor allem danke ich meinem wunderbaren Jamie dafür, dass er mit derselben Leidenschaft kocht und isst wie ich und so ein außergewöhnlicher Mann ist.

Danke an meine gesamte Familie, dass sie meine Freude am Schlemmen so begeistert aufgenommen hat und sich im Laufe der Jahre auch selbst hat anstecken lassen: Mummy, Daddy, Maureen, Clover, Luke und Ned und die Tanten. Danke auch meiner anderen Familie, den fantastischen Cullums: John, Yvonne und Ben für das Verständnis, auch wenn ihr nicht so viel esst wie andere Familien …

Ein Riesendankeschön an all die Menschen, die endlos mit mir über Essen diskutiert, mich bei Laune gehalten und mir ihre Rezepte und Techniken verraten haben, besonders an die großartige Carissa Perret sowie Lauren Hampson und Tiffany Crouch.

Noch einmal danke, Liccy Dahl, dass du mich in deine Küche und deine Arme geschlossen und mich regelmäßig deine Speisekammer hast plündern lassen.

Danke, danke, Jan Baldwin, für deine atemberaubenden Fotos und deinen untrüglichen Instinkt, und danke, Patrick Budge, für die schönen Entwürfe und Layouts. Danke, Susie Theodorou, dafür, dass du so viel organisierter bist, als ich es je sein könnte, und dass mit dir einfach alles ein Genuss ist.

Mein Dank geht auch an Jans tüchtiges Team: Peter Dixon, Wayne Kirk, Jonny Birch, Shannon Doohan und Helen Carter und an Susies akribische Assistentinnen Rebecca Jurkevich, Laura Fyfe und Sammie Bell.

Danke, Grainne Fox, für Ihre kluge Gelassenheit, Ihre Unterstützung und Ihr scharfes Auge.

Danke, Ed Victor, Maggie Phillips und Linda Van, dass Sie es gewagt haben, diese Reise mit mir anzutreten.

Ein dickes Dankeschön und eine ebensolche Umarmung für alle bei HarperCollins, die dieses Buch mit ihrer Geduld zu etwas gemacht haben, auf das wir wirklich stolz sein können: Belinda Budge, Carole Tonkinson, Katy Carrington, Lee Motley und Anna Valentine.

Danke an die Köche und Küchenchefs, die uns auch weiterhin inspirieren und erfreuen werden, namentlich die britischen: Jamie Oliver, Nigella Lawson, Nigel Slater, Hugh Fearnley-Whittingstall, Ruth Rogers, Gordon Ramsay, Valentine Warner und Marcus Wareing.

Danke an all meine Freundinnen von früher für ihr Gelächter, ihre klugen Bemerkungen und die Zuneigung, die sie mir geschenkt haben, wenn wir bis tief in die Nacht auf dem Sofa saßen und Schokoladenkuchen futterten.

Und zuletzt, willkommen kleiner Finley Fiandaca – mein herzallerliebster Neffe. Ich hoffe nur, dass du mal genauso gerne isst wie wir anderen alle!

In Liebe und Dankbarkeit,

Register

Ausstatter

Geschirr: Brickett Davda Schüsseln und Teller, www.brickettdavda.com; Jasper Conran für Wedgwood,
www.wedgwood.com.
Schneidbretter aus Olivenholz: www.andreabrugi.com.
Schüsseln im Asia-Stil: www.kriscoad.com.
Keramik-Lichter: Jacqui Roche Product Design, www.greatwesternstudios.com, jroche2005@yahoo.co.uk.
Tischwäsche: Society, www.societylimonta.com, erhältlich bei Mint, www.mintshop.co.uk.
Tapeten: (Vorsatz/Seite 14 ›Firework Flower‹, Seite 80 ›Currant Leaf‹) freundlich zur Verfügung gestellt
von Neisha Crosland, www.neishacrosland.com; (Seiten 142, 206) freundlich zur Verfügung gestellt von
Second Hand Rose (New York, USA), www.secondhandrose.com.